汇添富基金·世界资本经典译丛

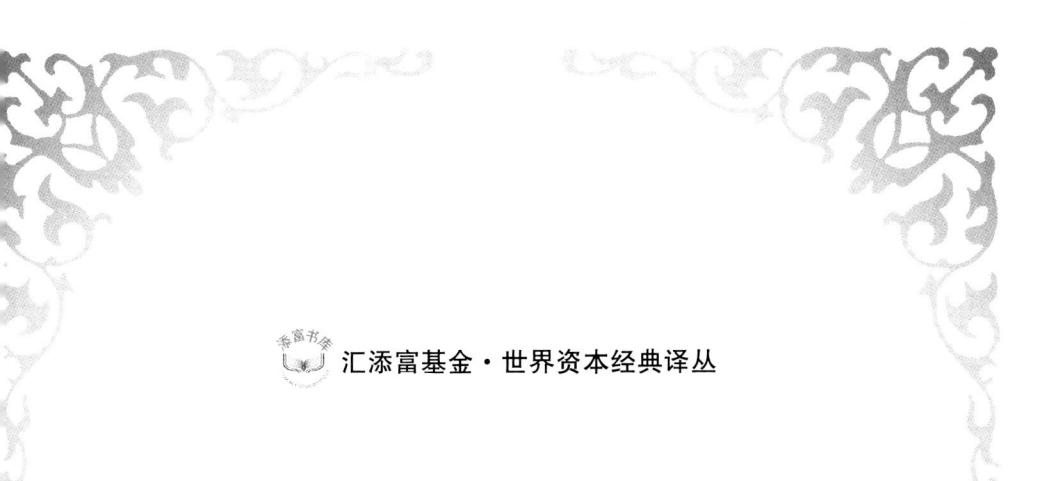

备兑认购的新洞见
——股票投资中提高收益降低风险的强有力手段

理查德·莱曼
(Richard Lehman)
劳伦斯·G.麦克米伦　　著
(Lawrence G. McMillan)

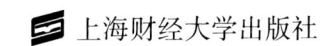

益　智　译

上海财经大学出版社

图书在版编目(CIP)数据

备兑认购的新洞见:股票投资中提高收益降低风险的强有力手段/(美)莱曼(Lehman,R.),(美)麦克米伦(McMillan,L.G.)著,益智译.—上海:上海财经大学出版社,2017.8
(汇添富基金·世界资本经典译丛)
书名原文:New Insights on Covered Call Writing
ISBN 978-7-5642-2417-2/F·2417

Ⅰ.①备… Ⅱ.①莱… ②麦… ③益… Ⅲ.①股票投资-基本知识 Ⅳ.①F830.91

中国版本图书馆 CIP 数据核字(2016)第 071198 号

□ 责任编辑 徐 超
□ 封面设计 张克瑶
□ 版式设计 孙国义

BEIDUI RENGOU DE XINDONGJIAN
备兑认购的新洞见
——股票投资中提高收益降低风险的强有力手段

理查德·莱曼
(Richard Lehman) 著
劳伦斯·G.麦克米伦
(Lawrence G. McMillan)

益 智 译

上海财经大学出版社出版发行
(上海市中山北一路369号 邮编200083)
网 址:http://www.sufep.com
电子邮箱:webmaster @ sufep.com
全国新华书店经销
上海华业装潢印刷厂印刷装订
2017年8月第1版 2017年8月第1次印刷

787mm×1092mm 1/16 13印张(插页:8) 212千字
印数:0 001—3 000 定价:39.00元

拨动琴弦

唱一首经典

资本脉络

在**伦巴第**和**华尔街**坚冷的墙体间，仍然

依稀可见

千百年后

人们依然会穿过泛黄的书架

取下

这些**书简**

就像我们今天，**怀念**

秦关汉月

大漠孤烟

……

图字:09-2015-774 号

New Insights on Covered Call Writing

The Powerful Technique That Enhances Return and Lowers Risk in Stock Investing

Richard Lehman Lawrence G. McMillan

Copyright © 2003 by Richard Lehman.

All Rights Reserved. This translation published under license.

Authorized translation from the English language edition, Published by John Wiley & Sons. No part of this book may be reproduced in any form without the written permission of the original copyrights holder.

Copies of this book sold without a Wiley sticker on the cover are unauthorized and illegal.

本书简体中文字版专有翻译出版权由 John Wiley & Sons, Inc. 公司授予上海财经大学出版社。

未经许可,不得以任何手段和形式复制或抄袭本书内容。

本书封底贴有 Wiley 防伪标签,无标签者不得销售。

2017 年中文版专有出版权属上海财经大学出版社

版权所有　翻版必究

总 序

"世有非常之功,必待非常之人。"中国正在经历一个前所未有的投资大时代,无数投资人渴望着有机会感悟和学习顶尖投资大师的智慧。

有史以来最伟大的投资家、素有"股神"之称的巴菲特有句名言:成功的捷径是与成功者为伍!(It's simple to be a winner, work with winners.)

向成功者学习是成功的捷径,向投资大师学习则是投资成功的捷径。

巴菲特原来做了十年股票,当初的他也曾经到处打听消息,进行技术分析,买进卖出做短线,可结果却业绩平平。后来他学习了格雷厄姆的价值投资策略,投资业绩很快有了明显改善,他由衷地感叹道:"在大师门下学习几个小时的效果远远胜过我自己过去十年里自以为是的天真思考。"

巴菲特不但学习了格雷厄姆的投资策略,还进一步吸收了费雪的投资策略,将二者完美地融合在一起。他称自己是"85%的格雷厄姆和15%的费雪";他认为这正是自己成功的原因:"如果我只学习格雷厄姆一个人的思想,就不会像今天这么富有。"

可见,要想投资成功很简单,那就是:向成功的投资人学投资,而且要向尽可能多的杰出投资专家学投资。

源于这个想法,汇添富基金管理股份有限公司携手上海财经大学出版社,共同推出这套"汇添富基金·世界资本经典译丛"。开卷有益,本套丛书上及1873年的伦巴第街,下至20世纪华尔街顶级基金经理人和当代"股神"巴菲特,时间跨度长达百余年。汇添富基金希望能够借此套丛书，向您展示投资专家的大师风采，让您领略投资世界中的卓绝风景。

在本套丛书的第一到第十三辑里，我们先后为您奉献了《伦巴第街》《攻守兼备》《价值平均策略》《浮华时代》《忠告》《尖峰时刻》《战胜标准普尔》《伟大的事业》《投资存亡战》《黄金简史》《华尔街的扑克牌》《标准普尔选股策略》《华尔街50年》《先知先觉》《共同基金必胜法则》《华尔街传奇》《大熊市》《证券分析》《股票估值实用指南》《货币简史》《货币与投资》《黄金岁月》《英美中央银行史》《大牛市(1982~2004)》《从平凡人到百万富翁》《像欧奈尔信徒一样交易》《美国国债市场的诞生》《安东尼·波顿教你选股》《恐惧与贪婪》《至高无上》等77本讲述国外金融市场历史风云与投资大师深邃睿智的经典之作。而在此次推出的第十四辑中，我们将继续一如既往地向您推荐六本具有同样震撼阅读效应的经典投资著作。

即使是华尔街最好的投资者也会犯错误。无论多么精明或者富有经验，所有金融从业人员最终都会让偏差、过度自信和情绪影响他们的判断并扰乱他们的行为。然而，大多数金融决策模型都不能反映人类行为的这些基本方面。在《超越恐惧和贪婪》这本分析实际影响决策过程因素的权威指南中，行为金融大师赫什·舍夫林(Hersh Shefrin)运用最新的心理学研究来帮助我们理解那些影响股票选择、金融服务和公司财务决策的人类行为。

在当今动荡不安的经济环境里，不良资产投资提供了一些诱人的机会。由第三大道管理公司的传奇创始人、不良资产市场先驱马丁·J.惠特曼(Martin J. Whitman)与不良资产投资专家费尔南多·迪茨(Fernando Diz)博士合著的《不良资产投资》，将帮助您更好地理解不良资产投资的基本原理和方法，并且向您展示如何在现实世界中有效运用这些基本原理和方法。

每次国际原油价格大幅波动总会吸引人们和专业媒体的眼球。当石油价格由于供不应求上涨时，人们的反应几乎总是感觉大难临头。关于石油末日的预测能够引起华尔街和华盛顿的焦虑，害怕石油产量已经到顶，石油价格将永远上涨。华尔街证券分析师布莱克·克莱顿(Blake Clayton)所著的《市场疯狂》是第一个使用诺贝尔经济学奖获得者罗伯特·席勒的"新时代经济学"(New Era Economics)理论对石油市场进行研究的案例；过去100年中美国人关于石油储备末日焦虑的四个周期的跟踪研究,可以让投资者更好地理解商品市场上的投机泡沫与非理性。

天下没有免费的午餐,投资亦如是:高收益总是伴随着高风险。然而,数以千计的货币基金经理、投资组合经理及其他资产管理专业人员总是试图通过股票选择、资产配置、技术分析、对冲等手段获取更高的长期风险调整收益。对他们而言,比他们的对手(或是市场平均)获取更高的风险调整收益的策略像圣杯般吸引着他们。许多专业机构和个人相信备兑认购策略就是他们的圣杯。备兑认购策略就是指持有股票,并卖掉相应的认购期权。实施该策略既没有巨额的最低资金要求,也不需要保证金账户或者高级的理论分析,同时还能为股票投资者提供下行保护。由两位期权策略专家理查德·莱曼(Richard Lehman)和劳伦斯·G.麦克米兰(Lawrence G. McMillan)所著的《备兑认购的新洞见:股票投资中提高收益降低风险的强有力手段》通俗易懂,为我们提供了实施备兑认购期权的方法及细则,堪称入门经典。

投资是一门充满神奇诱惑的艺术,顶级交易员的成长历程和内心世界总是会引发我们的无限感慨和好奇探究。著名交易培训师阿里·基辅所著《交易制胜:掌控市场的心理学》一书从多角度、多层次分析了如何才能成长为一名顶级交易员,在收获高回报的同时,升华交易员的内心世界。该书理论完备、案例丰富贴切,力图让每一名在交易界摸爬滚打、渴望提升的交易员找到捷径,同时又让许多有兴趣从事这一行业的读者打开适合自己的那扇门。

价值投资历来为投资者所称道,但是其间也夹杂了不少的误解、批评,甚至是批判。价值投资之父本杰明·格雷厄姆的门徒、布兰德斯投资合伙公司的创始人和主席、哥伦比亚大学商学院教授查尔斯·布兰德斯所著的《布兰德斯的价值投资》,解释了何为价值投资、为什么价值投资选股策略永远不会过时;分享了他历经多个经济周期的价值投资经验,以及风险分析、全球化思维、主动投资、被动投资等热点投资策略问题。在经济形势波动的当下,价值投资先驱格雷厄姆的价值理论仍然熠熠生辉,价值投资这个基于20世纪30年代的投资纪律比以往任何时候都更加重要。

投资者也许会问:我们向投资大师、投资历史学习投资真知后,如何在中国股市实践应用大师们的价值投资理念?

事实永远胜于雄辩。中国基金行业从创立至今始终坚持和实践价值投资与有效风险控制策略,相信我们十多年来的追求探索已经在一定程度上回答了这个问题:

首先,中国基金行业成立以来的投资业绩充分表明,在中国股市运用长期价值投资策略同样是非常有效的,同样能够显著地战胜市场。公司成立以来我们旗下基金的优秀业绩,就是最好的证明之一。价值投资最基本的安全边际原则是永恒不变的,坚守基于深入基本面分析的长期价值投资,必定会有良好的长期回报。

其次,我们的经历还表明,在中国股市运用价值投资策略,必须结合中国股市以及中国上市公司的实际情况,做到理论与实践相结合,勇于创新。事实上,作为价值型基金经理人典范,彼得·林奇也是在总结和反思传统价值投资分析方法的基础上,推陈出新,取得了前无古人的共同基金业绩。

最后,需要强调的是,我们比巴菲特、彼得·林奇等人更加幸运,中国有持续快速稳定增长的经济环境,有一个健康有序、不断发展完善的证券市场,有一批快速成长、治理结构优良的优秀上市公司,这一切将使我们拥有更多、更好的投资机会。

我们有理由坚信,只要坚持深入基本面分析的价值投资理念,不断积累经验和总结教训,不断完善和提高自己,中国基金行业必将能为投资者创造长期稳定的较好投资回报。

"他山之石,可以攻玉。"二十多年前,当我在上海财经大学读书的时候,也曾经阅读过大量海外经典投资书籍;我的投资理念的形成、投资方法和体系的构建源于当初阅读的积累与投资实践的总结。今天,我们和上海财经大学出版社一起,精挑细选了上述这些书籍,力求使投资人能够对一个多世纪的西方资本市场发展窥斑见豹,有所感悟;而其中的正反两方面的经验与教训,亦可为我们所鉴,或成为成功投资的指南,或成为风险教育的反面教材。

"辉煌源于价值,艰巨在于漫长",对于投资者来说,注重投资内在价值,精心挑选稳健的投资品种,进行长期投资,将会比你花心思去预测市场走向、揣测指数高低更为务实和有意义得多。当今中国正处在一个稳健发展和经济转型相结合的黄金时期,站在东方大国崛起的高度,不妨看淡指数,让你的心态从容超越股市指数的短期涨跌,让我们一起从容分享中国资本市场的美好未来。在此,汇添富基金期待着与广大投资者一起,伴随着中国证券市场和中国基金业的不断发展,迎来更加辉煌灿烂的明天!

张 晖

汇添富基金管理股份有限公司总经理

2017年8月

译者序

行走在感性与理性之间

2016年下半年,我在浙江财经大学教授两门课程,一门是面向高年级研究生的"行为金融学",另一门则是面向来自近十个国家留学生的"金融工程学"。说白了,两门课都是研究如何投资交易股票、债券及其衍生产品的,只是前者的出发点立足于捉摸不透的人性,而后者则是基于中规中矩的数理模型推演以及金融衍生产品的构建设计。

无巧不成书,2015年初我翻译的理查德·莱曼的《超越随机漫步——使用投资者行为和趋势分析预测市场变动》出版,这其实是一本运用行为金融学原理指导投资交易的入门指导书,充满了对金融市场行为属性的浪漫探讨,如黑天鹅、量子物理、市场的非有效性以及随机性等变化莫测感性的要素。但在作者及其朋友的序言中我发现莱曼还写了一部文风迥异的严谨著作——《备兑认购的新洞见:股票投资中提高收益降低风险的强有力手段》,由于2014年我一直作为上海证券交易所的外部专家与衍生品业务部的刘逖总监挂帅的创新团队探讨发布我国第一只股票期权产品,在2014年12月8日上海证券交易所期权业务规则专家座谈会后不久,中国第一只股票期权产品上证50股票指数ETF期权就挂牌上市了,而莱曼的这部著作就是详细解释股票交易结合备兑认购期货的投资策略,所以我向上海财经大学出版社的总编黄磊先生和策划编辑李成军老师建议翻译本书,欣然获准。事实也证明以期货期权为代表的金融工程知识在中国的重要性有多大。

2016年12月18日,大连商品交易所第六次会员大会举行,今年新上任的证监会主席刘士余出席并讲话。刘主席是在2016年初股市熔断暴跌后临危受命的，开始感觉他一直很小心谨慎，但到了第四季度时他发表的言论导致了两个股指向下的跳空缺口——"股市扶贫缺口"和"股市妖精缺口"，让大家对他开始侧目。不过会议上他说必须从国家战略高度加快发展期货市场，并且指出证监会系统对期货监管总体上比较弱，配置的资源不够，国务院已经对金融市场有序推出系列改革发展措施，充分体现了股市波动后社会各界对证券期货交易市场的肯定，对证券从业人员吸取经验总结教训的肯定，今后证监会会好消息不断好戏连台，一起努力把衍生品市场发展得更好。刘士余还说，期货市场开放度需要提升，开放秩序需要进一步拿捏。2016年以来煤钢焦波动剧烈，监管机构和期货公司会员单位成功防范了市场危机，维护了市场运行。刘主席还很亲民地告诫期货公司，"你们赚钱有方还要守土有责"。他说：我对期货公司提个建议，全国各地商品现货交易机构相当部分违规变相隐蔽开期货交易，我就没有得到期货公司的举报，你们得监管啊，他们在侵蚀你们的地盘啊，今后被查处的违规交易的当地期货公司会员当年评价要减分，要多交会员费，因为你们没有守护好你那块地盘。刘士余表示，新华(大庆)商品交易所搞了三年多赚了几十亿元，你们不知道，你们知道为什么不举报，今年对黑龙江的期货公司就得减分，你们卧榻之侧岂容他人酣睡啊。

其实当我看到"守土有责"四个字时，闪现的是2015年中沪指到达5 178点后股灾时股指期货和期权产品推波助澜做空股市的惨状，境内某些私募基金勾结券商损公肥私，发国难财；俄罗斯背景的一家贸易公司，通过操纵股指期货高频交易，几百万元的本金变成了几十亿元人民币的利润，还是在洗钱出境时被拦截下来的，虽然最大的私募基金经理、部分券商高管甚至证监会高官都受到了严惩，但金融衍生品巨大的破坏力可见一斑，如果没有后来限制股指期货交易，公安部出马抓人，中国的金融乃至整个经济都会崩溃。因此我认为，期货期权等衍生金融工具的所谓"守土有责"并非狭义的垄断经营行为，而是应该对中国的金融经济安全负起防护重担。

这本貌似仅仅微观上可以保护股票交易头寸安全的期权套保技巧的著作，其实内涵的原理也可推广运用到整个经济金融的保护，如果推延到整个金融衍生品系列，比如互换产品，特别是诸如信用违约互换(CDS)等，通过金融工程理性地构建，应该能够有一套维护我国金融安全的技术体系。

浙江财经大学证券期货发展研究中心主任，金融学教授 益智
2016年12月21日暖冬中的冬至

序

备兑认购策略可能是应用最广泛的一种期权策略。对于股票持有者来说，这一策略没有巨额的最低资金要求，也不需要保证金账户或者高级的理论分析。它能够应用在退休金账户、投资账户与投机账户上。然而，对于大多数股票持有者来说，这一策略至今为止并没有被广泛应用。因此，用一本书来探讨这一话题是很有必要的。

对投资者来说，这本《备兑认购的新洞见：股票投资中提高收益降低风险的强有力手段》可谓是一本及时的无价之宝。首先，除非市场大涨，备兑认购这一策略能胜过单纯地持有股票。我们能设想到未来几年的投资前景对于备兑认购来说相当理想。虽说未来的几年中有一些时段市场会大涨，但作者认为，未来几年市场更可能会像1966~1974年间表现出来的那样——虽有小幅度的复苏，但总体仍处于下降通道。事实上，1966~1982年的16年间，股票价格的上涨一直显得很艰难。如果历史发生重演（当然，不可能一模一样），由于2000年时市场顶部的存在，2016年股票价格很难有所上涨。因此，在未来的这段时间里，一个包含了出售期权获取权利金的策略会比单纯地持有股票获得更多的收益。

请注意，这并不是说备兑认购在任何市场中都能赚到钱。它是一种降低风险的策略，它能降低单独持有股票的风险。因此，正确的说法是备兑认购在股票价格下跌时将会表现得比纯粹地持有股票要好。

美国市场上现在有大约2 300只股票能够进行期权交易，也就是说无论是对于个人投资者还是大型机构来说,他们都能够对所持有的个股进行这一策略的操作。

除了可以直接进行期权交易的那些个股外,基于算术平均或是其他一些更为复杂的计算预测股票价格波动的方法,我们能够轻松地获得一只股票的相关信息,并以此进行备兑认购。互联网的发展便是一个很大的原因,现在一些网站会提供给我们一些数据与数学的运算,然后通过计算机我们便可以快速并且准确地得到一些相关的结果,这在以前是很难得到的。这些和股票收益与风险相关的数据,是备兑认购策略能够被实现的基石。

备兑认购降低了资产组合的波动率。波动率并不是一个深奥的概念。它描述了股票价格的变动,或者更广泛的来说是市场的变动。我们说备兑认购策略降低了组合的波动率,就是说相比单纯的股票,它在熊市中会亏损得较少而在牛市中也会赚得较少。然而历史经验证明,长期来看,一个拥有备兑认购的资产组合与单纯持有股票一样能获得差不多的收益。如果能够通过更小的波动率获得同样的收益,那么显然这也是备兑认购的一大优势。

正如你在这本书中即将学到的那样,又或者你之前就已经知道,当期权权利金很高时,备兑认购策略更具优势。在股票市场不稳定时这种情况将会发生。从1996年起,市场波动率急剧上升。到2000年进入熊市以后,波动率更是进一步上升。这意味着无论是卖出短期的(一个月或两个月)期权还是长期的LEAPS期权(一种概括300余种普通股和11种指数的长期期权),采用备兑认购的投资者都将会获取更多的权利金。更多的权利金能够提供更多的保护,这在下跌市场的股票波动时是十分必要的。

再次重申作者认为未来市场的波动率将会维持很高,这一高波动率不一定会持续16年,但足以让投资者感到恐慌。市场的这一高波动率至少在接下来的几年会继续维持。如果未来市场经历一系列牛熊市,股票价格很可能会十分不稳定。

让我们来看看历史数据,在1966~1974年间,市场经历了三次熊市与两次牛市,而且每一次振幅都相当巨大。换句话说,股票价格很不稳定。1974~1982年间,由于市场波动率变小,股票价格变得相对稳定。正如之前提到的,历史不可能完全重现,但未来几年股票价格似乎极有可能非常不稳定,以此来消化20

世纪80年代到90年代的大牛市。在这之后,我们很可能享受到一段时间的平静以为下一次大牛市的到来打下基础。因此在未来的这段股票价格波动的时间里,备兑认购将会是一个理想的策略。

由于许多专家都预测在未来的一段时间里市场与股票价格将会剧烈波动,在对投资组合管理的时候备兑认购这一策略被业内人士偏爱并越来越频繁地使用。当然,普通的投资者也能够轻松地从中受益。必要的数据能够很容易地获取,策略中所需用到的工具在这本书中也会提及。备兑认购策略的一个优点就是它对于投资者来说通俗易懂。甚至对于一个期权新手来说,通过书中提到的一些基本指导建议,也能够实现这一策略。虽然备兑认购不一定是所有可实行的策略中最好的一个,但它对于投资者来说远好过单纯地持有股票。

对于所有的股票投资者来说,无论他是否决定在其投资策略中使用备兑认购,花时间与精力去了解这一策略都是值得的。而对于那些已经有一定经验的股票投资者来说,书中清晰简洁的论述也能够让他们了解备兑认购这一策略是否适合他们。

劳伦斯·G.麦克米伦

简 介

首先声明,这并不是一本关于如何进行期权交易的书。这也不是一本深奥难懂的关于期权理论,或是关于期货、债券、指数方面的书。这仅仅是一本关于一种被叫作备兑认购这一股票投资策略的书,这一策略牵涉到个股认购期权。尽管每一个投资者都能够知道这一策略,但只有很少的投资者会去主动地使用它,你的经纪人通常也不会告诉你这一策略。接下来的学习中你会知道为什么。为了实现这一高效灵活的投资策略,你所需的所有知识与工具在接下来的章节里都会为你提供。

调查显示,投资者对期权了解得很少,并且将期权视为一个超出他们承受范围的高风险工具。对于备兑认购策略他们持有同一观点,尽管事实上这是一种保守的、降低风险的策略。在公众眼中,备兑认购与其他的期权交易策略一样,毫无疑问属于高风险的范畴。

证券业并不期望能改变公众的这种认知。虽然今天你能在大部分证券公司买卖期权,但这些证券公司很少鼓励你这么做。从证券业历史来看,期权这一工具带来过很多问题。1973年,芝加哥期权交易所与美国证券交易所的成立使得期权交易正式化。到了1981年,期权清算公司的出现使得期权年交易量突破1亿张合约,这也使得期权交易佣金成为证券公司一笔可观的收入。但客户的投诉、诉讼官司、培训费用、昂贵的交易错误成本等也随之而来。这使得大部分证券公司(包括那些在其他业务上做得很成功的公司)都不鼓励散户使用期权这一工具,以避免这些问题。

另一个让证券业不愿意鼓励客户使用期权的原因是对投资者进行培训很困难。证券法对于经纪人对客户给予投资建议与投资培训有很严格的规定。公司内部的法律顾问与监察组不允许经纪人给公众提供任何形式的书面保证来确保客户不会发生亏损。除此之外,综合类证券公司还将培训客户视为会逐渐破坏他们的商业模式的行为,因为他们的佣金是通过客户对经纪人专业性建议的需求来确定的。自从 1975 年以来,许多聪明的投资者不再需求经纪人的专业建议,而涌向那些不提供建议的经纪人,这些经纪人更有效率、收费更低。因此,对于综合类证券公司而言,培训客户只会增加他们失去客户的风险。另一方面,对于那些不提供建议的经纪人,他们认为客户已经对投资十分了解,低廉的佣金,使得他们也不愿对客户多进行培训。

对一个期权账户进行交易与管理也存在困难。对期权的监管法令比股票的要严格得多。对一个拥有成千上万个账户需要管理的公司来说这是个巨大的挑战。此外,过去的 20 年间,大型综合类证券经纪公司也意识到,他们无法同那些廉价的只提供交易服务的经纪人进行竞争,他们需要做的是保证客户黏性而不是将全部精力都放在开发新的潜在用户身上。因此,他们将业务从个人账户管理转移到了整体资产管理。最终,许多公司都降低了交易佣金中经纪人的提成。因此,经纪人很少会鼓励个人客户去进行期权业务。

本书旨在消除投资者对于期权的普遍偏见,更具体来说,是对于备兑认购的偏见。许多其他书也都提到了备兑认购的优点,但它们都没对其进行更多深入的讨论。我们尝试分专题来讨论这些问题以填补一些空白,例如备兑认购的隐形收益(第六章);作为一个动态的策略而不是一个单纯的头寸该如何实现这一策略(第四章和第七章);通过真实的历史个股数据对备兑认购策略的长期结果进行探索(第五章);目前为实现备兑认购策略可使用的电子工具(第九章)。

《备兑认购的新洞见》的另一个目标是改变你对投资的看法。例如一些经典的辩论:期权交易是否是一场赌博? 股价变动对于期权参与者来说是不是一个单纯的赌博? 当然,有人是基于这一目的参与期权交易的。但成千上万的专业投资团体——包括养老基金、大学捐赠基金和投资公司——并不是利用期权来进行赌博，他们对飞往拉斯维加斯没有兴趣。他们利用这一真正的投资工具来提高其股票资产组合的整体收益。

如果想要成为一名备兑认购的参与者，你必须意识到你会与股票谈一场持续但短暂的恋爱，但记住不要深陷其中。你的投资计划将会因每月的期权到期日变得十分规律，而不是像对待你的不动产那样放着股票不管。如果认为这会让你变成一个投机者，你将很难适应这一策略。那些认为应当持有股票好几个月甚至好几年，然后卖出对应的认购期权的人，不可避免地会遇到许多麻烦。长期投资股票是没问题的，利用备兑认购也是没问题的——只要你头脑中将这两个策略分开，而不是试图将其组合起来。

除了改变你对投资的看法，本书还旨在做到以下几点：

- **教会你备兑认购中你所需要知道的一切，并使其成为一种自我管理的投资策略**。你不需要拥有任何关于期权的预备知识，但你需要对股票有基本的了解并有投资股票的经历。

- **客观地呈现这一策略**。我们会具体地说明收益（财务上的与情感上的）与风险。

- **无论保守还是激进，根据你的个人投资风格量身定做策略，并告诉你这一量身定做的策略所需的所有知识**。备兑认购能被不同风险偏好的投资者所使用。本书将会指导你通过各种各样的方式来降低或增加策略的风险与收益。

- **帮助你获得切合实际的期望收益**。正如其他任何投资策略一样，使用备兑认购策略也可能让你赚钱或者赔钱。当市场的收益是12%时，一名收益为15%的成长型基金经理会对他的成绩很开心。如果市场的收益是-20%，获得-5%收益时他也可能很开心。但如果同期市场的收益是25%，那以上两种收益都会让人感到十分失望。一名十分保守的货币基金经理可能会对上述收益都感到很满足，而对冲基金经理可能会对这些收益都不满意。这都与你的目标有关，而不是仅仅看绝对数的大小。

备兑认购是一个具有独特魅力的投资策略，但你需要花一些时间来学习。对于一些读者来说，期权有些难以掌握从而不适合他们。然而并不意味你需要拥有一个数学博士的头衔来掌握备兑认购中一些深奥的概念，你只需要理解递延金融资产的特点，并熟悉这其中的一些规则和术语。

个人投资者、经纪人、专业的基金经理都能用这本《备兑认购的新洞见：股票投资中提高收益降低风险的强有力手段》来理解并完全实施备兑认购过程。对期权有兴趣更深入了解的读者可以参考合著者劳伦斯·G.麦克米伦的《将期权作为策略投资》与《麦克米伦的期权》，这两本书都列在参考文献里。除此之外，你还可以通过两位作者的网页来了解更多关于期权与备兑认购的信息，网址是www.coveredwriter.com 和 www.optionstrategist.com。

目 录

总序/1

译者序　行走在感性与理性之间/1

序/1

简介/1

第一部分　奠定基础

第一章　期权基础/3
　什么是期权？/4
　期权与股票的比较/5
　　标准化/6
　　场内交易与场外交易/6
　期权场内交易/7
　　行权价格/7
　　到期日/8
　参与者与头寸/9
　行权与指派/10

基本机制/10
到期日的结算/12
备兑期权与裸期权/13
期权账户/14
期权基础总结/14

第二章　进阶知识/16
期权价值/17
理论价值或公允价值/18
波动性/18
利率/19
股息/19
理论与实际/19
交易代码/20
调整/22
到期日月份/24
期权是如何交易的/25
交易所/25
电子化报价交易系统/27
流动性/28
进阶知识总结/29

第三章　备兑认购期权机制/31
"有效"备兑认购期权的必要条件/32
备兑认购期权的风险与收益/32
不同时期的风险/收益特征/35
风险转移/36
做空认购期权与做空股票的对比/37
更多关于行权与转让的内容/38
潜在收益的计算/40
行权收益率(RIE)/40
不变收益率/41
基于净借款的收益率/42

第二部分　策略执行

第四章　构建策略/45
- 一种新的思维方式/46
- 后续行动/47
  - 简单的情况：在到期之前不采取任何行动/47
  - 平仓部分或全部头寸/47
  - 滚动期权/49
  - 趋高滚动/50
  - 趋高前向滚动/51
  - 趋低滚动/52
  - 前向滚动/53
  - 其他的一些问题/55
- 备兑认购期权策略/55
  - 总回报或"买入—卖出"方法/56
  - 额外回报方法/57
  - 对冲个股风险/61
  - 降低小型资产组合的风险/62
  - "热门"股票的备兑认购期权策略/62
  - 递延税收策略/64

第五章　备兑认购期权策略的收益/65
- 备兑认购期权策略的基本原理/66
- 切合实际的期望/66
- 备兑认购期权策略与股票的回报/67
- 备兑认购期权策略回报的主要影响因素/70
  - 股票选择/70
  - 行权价格/70
  - 到期时间/71
  - 波动率/75
  - 利率/76
  - 交易成本/77

备兑认购期权与股票的长期比较/78
　　买冲指数/78
　　20只个股的实证结果/80
　　长期实证的结果/83
　　卖出更高行权价格认购期权的影响/84
收益总结/85

第六章　无形的收益/87
到底多久算长期？/87
备兑期权的解决方法/88
备兑期权策略好处详述/89

第七章　策略执行/97
确定你的投资方案/98
　　额外卖出/98
　　额外回报备兑期权策略的陷阱/98
　　总回报法/99
　　总回报法的陷阱/100
你是基本面分析者还是技术分析者？/102
选择股票头寸/103
　　搜索所有股票/103
　　专门为备兑期权策略选择股票标的/105
选择要出售的认购期权/106
　　选择行权价格/106
　　选择到期月份/108
妥当安排与经纪公司的关系/109
　　综合类证券公司与折扣经纪公司/109
　　在线经纪公司/111
　　金融规划师/111
　　选择账户/111
　　卖出你就职公司股票的认购期权/112
　　保存记录/112
下达指令/113

市价指令与限价指令/113

　　止损指令/114

　　买进—卖出指令/115

　　滚动期权头寸时采用套利指令/115

风险/116

期权的基本征税法则/117

对备兑期权策略使用者的忠告/120

第八章　改进的策略执行/121

备兑期权的保证金交易/122

　　备兑期权的保证金规则/122

　　备兑期权保证金交易的优点/124

基于其他证券的备兑期权策略/125

　　"钻石基金"、"Qs"和其他交易型开放式指数基金(ETF)的备兑期权策略/125

　　卖出可转换证券的认购期权/126

　　卖出其他期权的认购期权——认购期权备兑期权策略/127

　　长期期权(LEPS)的备兑期权策略/129

部分卖出、混合卖出和比例卖出/130

　　部分卖出/130

　　混合卖出/131

　　比例卖出/133

认沽期权的卖出/134

　　卖出认沽期权的优势/135

　　卖出认沽期权的缺陷/136

隐含波动率和价值高估/136

　　有效、无效以及高估/137

到期博弈/140

期权—股票套利/141

第九章　备兑认购期权策略的一些工具/143

期权链/144

搜索工具/146

计算器/147

概率分析/148
一些专业的期权软件介绍/151
这些资源会花费你多少？/151
备兑期权策略使用者可利用的网络资源/152

后记/154

附录/158
附录A　美国期权交易的发展历程/159
附录B　备兑认购期权报税样表/161
附录C　"合格"备兑认购期权的征税法规/162
附录D　20只股票的备兑认购期权研究/165

术语/176

参考文献/181

第一部分

奠定基础

第一章　期权基础
第二章　进阶知识
第三章　备兑认购期权机制

为了理解并有效地实行备兑认购，你不仅需要了解股票期权市场是如何运行的，还需要了解期权是什么、它的功能是什么、哪些因素会影响它的价值。本书假设你已对股票十分熟悉。第一部分提供关于股票期权与备兑认购策略的全面分析。如果你对期权已经很熟悉了，可以直接从第二部分开始，在必要的时候再回过头来参考前三章。在第一章与第二章的末尾，还为你提供了章节概要总结。

第一章　期权基础

每一个人都有能力去追逐股票市场。只要你五年级数学过关,你就能做到。

——彼得·林奇(Peter Lynch),富达麦哲林基金前任经理

- 什么是期权?
- 期权与股票的比较
- 期权场内交易
- 参与者与头寸
- 行权与指派
- 备兑期权与裸期权
- 期权账户
- 期权基础总结

许多专业的投资机构都会告诉你投资中没有免费的午餐。高收益总是伴随着高风险。然而,数以千计的货币基金经理、投资组合经理及其他资产管理专业人员总是试图通过股票选择、资产配置、技术分析、对冲等手段获取更高的长期风险调整收益。对他们而言,比他们的对手(或是市场平均)获取更高的风险调整收益的策略像圣杯般吸引着他们。许多专业机构和个人相信备兑认购策略就

是他们的圣杯。

备兑认购策略就是指持有股票，并卖掉相应的认购期权。一小部分投资者30年来一直坚持实践这一投资策略，而芝加哥期权交易所2002年春天的调查结果也显示这一策略大幅提升了机构投资者的收益。同年5月，芝加哥期权交易所推出了跟踪标准普尔500指数进行备兑认购的一个新指数——买冲指数(BuyWrite Index，BXM)。指数显示，如果1988～2001年间采用备兑认购策略，其平均年化收益仅仅会比持有标准普尔指数股票低不到0.5个百分点，但其每月收益的波动率会明显低于标准普尔指数(第五章会具体讨论这一结果)。一个拥有足够吸引力的圣杯？也许并不尽然，但至少它有着明显的优点。

什么是期权？

期权是一种能够被灵活应用的工具，它既能够单独使用，也能与其他有价证券进行组合使用。无论高风险偏好者还是极端保守的投资者都能够使用这一投资策略。期权的定价是一件复杂的事情。本书将会阐述股票期权的基础概念，包括执行指令的规则与过程、到期日的行权指派如何运作、税收相关政策等。你可以通过网络、期权结算公司(Options Clearing Corporation，OCC)、期权交易所等方式了解更多信息(网站地址见第九章末尾)。

期权是一种合约，它赋予买方在指定的时间段内、以指定的价格对指定的资产进行买卖的权利。期权有两种形式：认沽期权与认购期权。

● **认购期权**：一个赋予买方在指定的时间段内、以指定的价格对指定的资产进行买入的权利的合约。

● **认沽期权**：一个赋予买方在指定的时间段内、以指定的价格对指定的资产进行卖出的权利的合约。

指定的价格叫作行权价格；指定的时间段由期权的到期日决定；指定的资产叫作标的资产。期权的标的资产可以有许多形式，包括指数和债券，但本书只讨论标的资产为股票的期权，即个股股票期权。一份标准化的个股股票期权代表100股标的股票。因此，一份两个月后到期、行权价格为25美元的迪士尼的认购期权，给予买方在未来的两个内、以每股25美元的价格买入100股迪士尼股票的权利。

- **行权价格**：合约买方能够买入或卖出期权标的资产的价格。
- **到期日**：期权合约期限结束的日子。
- **标的资产**：期权买方有权买入或卖出的资产。

期权与股票的比较

　　期权和股票之间有许多不同之处与相似之处，我们先从相似之处说起。公司依照一系列证券法向公众发行股票。当你通过公司首次公开募股(IPO)购买股票后，就将资金给予公司，并获得一系列相应的权利，如投票权、获得公司股利的权利、公司重大事项知情权。这些权利赋予了股票价值。股票权证保障了你的这些权利，尽管你可能从未见过股票权证——你的经纪人替你保管着它。

　　最初的协议仅仅在你和发行公司之间。一旦股票获批通过正式的交易所进入二级市场，其他人就可以参与到它的买卖当中来。股票是标准化的产品，即是说无论谁持有的股票都是一样的（只要是同一种类型的股票，例如都是普通股或者都是优先股）。

　　期权也同样是你和交易对手方之间的一个协议，但对手方不一定是一家公司：它可能是一家公司、一个职业交易商、一个做市商或是一名个人投资者。与股票一样，期权的买方付钱给卖方获取一定的权利。期权的卖方类似于发行股票的公司，他们收到钱并履行对买方的义务。期权中所包含的权利同样赋予了期权价值。同股票一样，期权也是标准化的产品，因此它们也能够在正式的证券交易所内进行交易，并受到证券交易委员会(SEC)的监管。

　　接下来是一些期权与股票之间的区别。期权被定义为金融衍生品，因为它们的价值取决于标的资产的价值。期权持有者不能像股票持有者一样享有公司的投票权，也不能够获取公司股利，但股票拆分、意外所得以及其他公司重大事项同样会影响到期权。

　　当公司发行股票后，公司对外发行的股数是固定的。除非公司再次发行股票，或股票进行拆分，或回购一部分股票，股数不会发生变化。但期权不同，它并不是公司发行的，而产生于市场上买方与卖方之间的撮合成交。当交易所最初"发行"期权后，只有等到第一笔交易实际发生时期权合约才会真正产生。当A方同意从B方手上购买期权时，期权合约才会实际产生。

标准化

尽管期权合约具有法律效应,但当你进行期权的买卖时也不必带上你的律师。期权清算公司(OCC)作为独立的第三方已经帮你完成了期权合约的标准化。为了遵守证券交易委员会的规章制度,期权清算公司制定了对所有参与者都适用的期权交易行为准则。期权清算公司对所有处于期限内的期权合约都利用强制力进行保证。你仅仅看到了交易成交的确认,正如你在股票市场中所看到的那样。(如果有兴趣,你可以通过期权清算公司的官方网站 www.optionsclearing.com 看到期权的说明。)

- OCC:期权清算公司,作为独立的第三方对所有场内交易的期权合约进行发行与保证。

类似于场内交易的股票与债券,通过标准化合约,期权清算公司确保了期权在二级市场(即交易所)上的交易。换句话说,期权之间是完全替代的。当买了100股迪士尼的普通股,你知道这些股票和其他迪士尼的普通股是完全一样的。类似的,期权清算公司保证了你所购买的迪士尼的认购期权,与其他拥有相同性质的期权合约(拥有相同种类、相同标的资产、相同行权价格与相同期限)之间是一样的。所有拥有相同性质的期权合约被叫作相同的系列并被认为是可完全替代的。

- 类别:所有基于同一标的资产的同种期权。例如,所有标的资产为微软的认购期权是相同的类别。

- 系列:所有拥有同一执行价格与期限的同类别期权。例如,所有执行价格为90,1月到期的IBM的认购期权是相同的系列。

场内交易与场外交易

场内交易期权是在那些被认可的正式交易所内进行交易的期权。场外交易期权同样存在,但仅被一些机构偶尔使用。个人投资者只需要了解场内交易期权即可。报纸上进行登载或报价系统进行报价的期权均是场内交易期权。有时候同一个期权有可能在不止一家交易所进行登记。这并不影响期权的完全替代性。通常情况下,期权的交易时间为标的股票交易的时间再加收盘后的几分钟(东部时间下午4:02),但在非期权到期日的周五,期权交易只进行到下午4点。

期权清算公司还担当了另一个重要的角色：期权买方与卖方的中间人。当你进行期权买卖时，你实际上是通过你的经纪人与期权清算公司，而不是与某个个人进行交易。这意味着你不需要担心交易的诚信度与交易对手方的支付能力。这是他（她）的经纪人所需要担心的。

期权场内交易

期权交易所决定了哪些期权能够上市进行场内交易，换句话说，哪些标的股票能够进行期权交易。因此，例如，IBM 等公司无权决定它的股票是否有相应的期权可供交易。现在，有大约 2 300 只股票的期权上市了，并且每月都有新的期权上市。这一数字远小于股票上市的公司的数目，这是由于只有一部分股票满足了期权交易所的要求。由于期权与其对应的标的股票之间关系紧密，交易所的第一个要求就是标的股票已经上市并在市场中表现活跃。其他的一些要求还包括流通股本数、股票历史价格、股票每日交易量、公司资产等。例如，标的股票股价低于 7.5 美元的期权将不允许上市。

由于一份期权对应 100 股股票是标准化的，因此描述一个期权仅仅需要四个性质：标的股票、到期日、行权价格和种类。例如，表 1－1 中列出了一个标的资产为 IBM 股票、到期时间为 1 月份、行权价格为 85 的认购期权。

表 1－1　　　　　　　期权示例

标的资产	到期时间	行权价格	种　类
迪士尼	10 月份	25	认沽
家得宝	8 月份	50	认购
IBM	1 月份	85	认购
英特尔	4 月份	25	认购
微软	7 月份	50	认沽

行权价格

同一标的股票至少有几种不同行权价格的期权，不同行权价格的期权数量取决于股票的价格和波动性（特定时间内股票价格的变化）。一只高波动性的股票,例如 IBM,同一时间点上可能会有多达 15 种不同行权价格的期权。给出同一标的股票期权的所有行权价格是不必要的。交易所根据股票价格给出 2.5 美元、5 美元或 10 美元这样的差价。因此,如果 XYZ 公司的股价现在是 50 美元,交易所会给出包含 40 美元、45 美元、50 美元、55 美元、60 美元这样一系列的执行价格(同时针对认沽期权和认购期权)。如果股票的价格是 16 美元,你可能会看到 15 美元、17.5 美元、20 美元的一系列行权价。当股价发生变动时,行权价格也会进行更新,但对于到期日只有最后几周的期权,交易所通常不会进行更新。

基于现在标的股票的价格,不同行权价格的期权被分为实值期权与虚值期权。这一概念对于备兑期权卖方很重要,因此在接下来的章节中将会被频繁地提到。

- 实值期权:行权价格低于标的股票现行价格的认购期权或行权价格高于标的股票现行价格的认沽期权。例如,当 ABC 公司的股票价格为 43 美元时,行权价格为 40 美元、35 美元或 30 美元的认购期权都是实值期权。

- 虚值期权:行权价格高于标的股票现行价格的认购期权或行权价格低于标的股票现行价格的认沽期权。例如,当 ABC 公司的股票价格为 43 美元时,行权价格为 45 美元、50 美元或 55 美元的认购期权都是虚值期权。

- 平价期权:行权价格等于(或十分接近于)标的股票现行价格的期权。例如,当 GHI 公司的股票价格接近 30 美元时,行权价格为 30 美元的认购期权被认为是平价期权。

到 期 日

期权最为独特的性质即是它拥有有限的存续期,这取决于它的到期日。在那一天,期权及其所包含的价值都将归零。这与债券的到期日是不一样的概念,债券到期时将不能进行交易但需要支付最后一次利息并归还本金。期权短暂的存续期——对于标准化的合约来说不会超过 9 个月——使得备兑认购期权成为一种可行的策略。

为了保持交易的标准化,所有期权的到期日都定在月内的同一天:交割月的第三个星期五后的星期六。这听起来有些怪异,但将日子固定在星期六能够给经纪人在收盘后一定的时间,以调整其客户的头寸,确保到期时不会发生错误。

因此每个月的第三个周五将会是到期期权的最后交易日。到期期权在那个周五能够和平时一样进行买卖,但那一天的交易往往比平均水平来得频繁,因为人们想要在到期之前进行平仓。

参与者与头寸

期权的购买者被认为是持有者。这只是一个概念上的称谓,并没有实物上的持有期权。事实上,并没有期权的持有证书——一切都只是在账面上进行记录。但自购买者付钱起,他就被认为是期权的所有者。跟股票一样,当购买一份期权后,你便在你的账户上建立了一个多头头寸。

期权的出售者也被叫作签署者。这仅仅是历史上流传下来沿用至今的一个称谓,早些时候股票的持有者通过实际的签署来完成期权的出售。买方收到钱,他们的头寸被认为是空头。买与卖是一个行为。多头与空头则描述了你的头寸,其暗指你是否实际拥有这项资产。

与股票一样,你能够通过买(建立多头)或是卖(建立空头)开始建立你的期权头寸。对于备兑认购策略,你的方法是卖出一份或多份认购期权建立空头。一旦你成为期权交易中的买方或者卖方,在到期日前的任何时刻,只要你认为市场价格对你有利,就能够进行平仓。唯一的限制就是你必须接受平仓时刻的期权市场价格。例如,对一份 XYZ 股票认购期权空头头寸进行平仓,只需要购买一份相同执行价格与相同到期日的 XYZ 股票认购期权。当对期权头寸进行平仓后,你完全消除了先前交易中所带来的未来的一系列权利与义务。

由于可以通过买或是卖来建立期权头寸,因此以下四种情形对你来说都是可能的。你可能会:

- 买入开仓(如果你仅仅是买入一份认沽或认购期权)
- 买入平仓(如果你已经是空头并完全进行平仓)
- 卖出开仓(如果你建立一份备兑期权头寸)
- 卖出平仓(如果你已经买了一份期权并进行平仓)

这是一个标准化的过程,每次你下达期权交易指令之时,你都需要表明你是想要开仓还是平仓。(你同样会被询问开仓策略是备兑的还是裸的,这将会在接下来的章节中进行讨论。)当然这些信息并不会影响你的交易与价格。

- **买方**：那些建立头寸购买期权的人。他们并不实际持有任何实物。他们所拥有的是买入或卖出股票的权利。
- **卖方**：那些建立头寸卖出期权的人。卖方对买方购买或卖出股票的权利负有义务。他们并没有实际签署卖出任何协议，尽管在期权交易形成的早期，他们需要实际签署一份合约进行期权的出售。
- **多头**：用来描述期权买方头寸的术语。
- **空头**：用来描述期权卖方头寸的术语。

行权与指派

基本机制

期权买方想要执行期权给予他们的买入或卖出标的股票的权利，被叫作期权行权。通过通知他们的经纪人，他们就可以实现行权。通知可以是口头的，就像下达一个指令对股票进行买卖那样（这实际上也相当于对股票行权）。因此，如果你持有一份 DEF 公司股票的认购期权并决定行权，就相当于下达了一个以行权价格买入 DEF 股票的指令，只是你的指令被传送给期权清算公司而不是直接与股票卖方进行交易。行权在交易结束后的当天晚上进行。由于价格是由期权行权价决定，期权在一天当中的什么时间段行权并没有多大影响。

在期权到期日之前的任何时间能够行权的期权叫作美式期权；只能够在到期日行权的期权叫作欧式期权。这与它的交易地点是在何处无关。个股股票期权都是美式期权，而指数期权一般是欧式期权。

正如之前提到的，每份标准合约（交易单位）是 100 股。如果买方行权，这是卖方必须执行的最小股数。这些股票被认为是进行交割的。场内期权包含普通股、一部分优先股、美国存托凭证（ADRs）和包括远期和股指之类的一些其他金融资产的期权。指数期权一般是现金交割而不是实物交割的，因为考虑到对指数进行实物交割需要购买指数中的所有股票。所有的个股期权都需要对标的股票进行实物交割。期权行权时，标的资产的实际转移被称为交割，正如普通的股票交易中的交割一样，这个过程由你的经纪商完成。

当一份或多个期权发生行权时，期权清算公司必须决定指派谁来履行这一义务，换句话说，哪一个卖方出售他的股票。这一过程被叫作指派。期权清算公司掌握并记录着每一个经纪公司成员的每一个账户中期权的空头头寸与多头头寸。期权清算公司分配指标给那些拥有开仓空头头寸的经纪公司，并让他们指派哪一个顾客的账户来履行行权的义务。之后经纪公司必须公平合理地来进行指派，但这并不意味着所有的账户都被一视同仁。一些公司随机地选择账户，其他一些公司采用先入先出政策。

收到你的经纪人给你的指派通知实质上相当于收到一份卖出股票的确认通知，而且你只能够选择对通知进行确认，这就是指派通知。这个通知通常在行权之后的那个早上传送给你，但实际上并没有一个确切的时间的保障。经纪人在收到指派通知之后会尽快告诉你，以避免你在不知情的情况下在市场上进行平仓或卖出股票的操作。(一旦被指派，期权卖方不允许进行平仓，即使你的经纪人还没来得及通知你。)在你的期权空头头寸被指派后，你的头寸就自然被填平了。

例如一家持有 5 份菲利普·莫里斯(Philip Morris)公司 1 月到期执行价格为 50 美元的认购期权的持有者行权。期权清算公司就会通知嘉信理财(Charles Schwab)公司他们被指派了履行这个认购期权的义务。而你是嘉信理财公司的一名客户，你正好有菲利普·莫里斯公司 1 月到期执行价格 50 美元认购期权的空头头寸。你可能拥有 1 000 份菲利普·莫里斯公司的股票，即 10 份空头头寸。这时嘉信理财公司通知你"你被指派履行菲利普·莫里斯公司 1 月到期执行价格 50 美元认购期权的义务了"，接着你就会接到一份你以 50 美元一股的价格卖掉 500 股菲利普·莫里斯股票的交易确认。这会使你少掉 500 股股票与 5 份空头认购期权头寸，同时你的账户会收到 25 000 美元，并扣除这次交易相应的手续费。

● 行权：期权持有者所采取的行为，他们通知其经纪人行使买入(或卖出)他们购买的期权中标的股票的权利。当认购期权持有者行权时，他们能够以行权价格购买标的股票。

● 交割：期权行权过程中标的资产(或其他指定利益)的清算过程。个股期权通常进行实物交割。

● 指派：期权清算公司和经纪人选择一个卖方来履行所卖期权义务的行为。当认购期权卖方从其经纪人那里收到指派通知，他们必须以行权价格卖出标的股票。

由于期权清算公司是所有期权交易与指派的中间人,它能够准确地知道在任一时点有多少期权合约还未被平仓。期权清算公司每一交易日公布开仓合约的数量。

● 未平仓头寸:某种期权未平仓的合约数量。期权清算公司每一交易日公布这一数字,它扣除了前一交易日平仓了的合约的数量。它同每一份期权合约的交易量共同反映了期权的流动性(是否能够自由地进行交易)。

到期日的结算

到期日是期权这一歌剧的尾声。到期日之前的那个周五的交易一旦结束,期权就只能进行行权与指派的操作了。到了第二周周一早晨,期权就已经成为历史。你再也不能对账户中的期权进行任何操作,尽管你在交易屏幕中还能看到到期日。如果你是期权的空头方,你会收到经纪人发给你的一份通知,告诉你你的期权是过期了还是被行权了。

在周五下午到期期权停止交易后,做市商与其他专业机构手中的实值期权将会被行权。大部分投机者也将会在此之前完成期权的平仓操作。然而无论谁拥有实值期权,你都可以预料到他们会行权。如果实值期权价值大于0.75美元,他们会被自动行权(期权清算中心规定)。就算期权的价值只有一角甚至五分,通常情况下也会被行权。否则人们就会白白发生损失,当然别指望这会经常发生。如果股票价格与行权价格相当接近(或者说相等),你可能会被指派也可能不会。如果此时你不确定你是否被指派了,周一早上查看你的账户就能够进行确认了,当然也不要羞于向你的经纪人进行确认。

如果你不对你所持有的认购期权行权,有时候你的经纪公司将会使用他们自己的账户来行权。如果你的认购期权拥有0.25美元的实值,你意识到交易佣金可能会吃掉你行权所获得的收益,你可能会让它自动过期作废。这时候你的经纪公司就会对你的认购期权行权并在周一早上卖掉股票。由于经纪人不用支付佣金,他在经济上会拥有相对优势。如果你的经纪公司这样做了,不会对你产生任何影响,经纪公司也不会与你商量这件事。

此外,当你行权或者被指派时,你将支付交易佣金,因为这实际上相当于你买入或卖出股票。

备兑期权与裸期权

当你卖出一份认购期权,就将有义务在你被指派时卖出标的股票。如果你拥有足够多的标的股票来履行这一义务,你的期权被认为是备兑的。这就像在银行界中说你的资产是担保性的一样。由于你拥有标的股票,卖出一份保护性认购期权并不会带来额外的风险:一旦被指派你能够直接卖出股票,无论其当时的市场价格为多少。当你卖出认购期权时,如果你的账户中没有足够的股票,你的期权将会被认为是无保护性的,或者说裸的。一裸购期权理论上来说在股票价格上涨时将给你带来无限的损失,因为当合约被行权时,你必须买入股票来履行你对期权清算公司与期权买方的义务。

由于一份期权合约代表着100股股票,在计算你需要购买或卖出多少股票时一定别忘了乘以100。对于卖出超过100股数量的期权,你仅仅需要再乘以期权数即可。对于300股股票,你需要卖出3份期权。对于1 000股股票,你需要卖出10份期权。你无法卖出少于100股的期权合约。因此如果你正巧拥有的股数非整数手,例如458股,你仅仅能够卖出匹配400股的备兑认购期权。

重要提示:当下达指令时,如果你拥有500股股票并且想要卖出认购期权,记住你只能输入5份认购期权而不是500份!你的经纪人或是在线助手可能会提醒你这一错误,但你应该尽量避免这类错误的发生。

当然,当你被指派时,你的账户也可以拥有多于履行义务所需的股票数量。比如说你拥有1 000股DEF公司的股票并卖出6份DEF公司的认购期权。你最多会有600股被指派行权,因此你是完全备兑的。但如果你拥有1 000股股票并卖出12份认购期权,多出来的两份认购期权将会是裸的。表1-2例示了不同股票头寸和期权头寸时的备兑情况。

表 1-2　　　　　　　　备兑期权与裸期权示例

股票头寸	期权头寸	状态
500股ABC多头	5份ABC认购期权空头	完全备兑
600股DEF多头	4份DEF认购期权空头	完全备兑
800股GHI多头	10份GHI认购期权空头	8份备兑;2份裸
0股JKL多头	4份JKL认购期权空头	4份裸

- 备兑期权：期权空头头寸能够被所持有的标的股票多头头寸所担保，并以此履行被指派时的义务。
- 裸期权(无保护期权)：期权空头头寸不能够被所持有的标的股票的多头头寸所担保。

期权账户

行业监管规章要求经纪公司对所有想要进行期权买卖的投资者进行开户。在这一过程中没有例外，只有当你在经纪公司开户后，才能进行期权的买卖交易。即使你准备采用备兑认购期权策略，这并不像单纯的买入期权或卖出裸期权那样拥有高风险，你仍然需要在经纪公司开户。你需要填写并签署期权协议，建立一个新的账户，并熟读《标准化期权的性质与风险》，这本书同样会作为期权披露准则文件被参考与引用。你能够同时使用几个账户进行期权交易，只要这些账户都开通了期权交易的服务。如果你拥有一个与其他人的关联账户，那个人也同样需要签署期权协议。

当你签署期权协议之时，你会被提醒哪些策略是适合你使用的，而你也仅仅能够使用其中的一些策略。一些公司将不同的策略划分成两个或三个不同的风险等级，并允许你使用一定风险级别的策略。备兑认购期权策略会是风险等级最低的一类策略。当然，备兑认购期权策略可能会与其他更高风险的策略混在一起，例如买入期权，但这仍然比卖出裸认购期权的风险低。

如果想要建立裸期权头寸，你需要一大笔资金或资产来作为开通这一账户的抵押物。如果你仅仅开通了备兑期权而没有开通裸期权，在你卖出认购期权之前你必须拥有或先买入相应数目的股票。如果你想要先卖出认购期权，然后再在将来某个时点以更低的价格买入股票，你的经纪人将不会允许你这么做，除非你开通了裸期权账户(这并不是一个明智的做法)。

期权基础总结

- 期权是一种受到证券交易委员会监管的场内交易金融产品。它是一份双方参与者之间的合约。

第一章
期权基础

- 期权有两种形式:认购期权给予买入指定资产的权利;认沽期权给予卖出指定资产的权利。

- 期权清算公司(OCC)对期权合约发行与交易负责。期权清算公司设置并强制执行一系列期权条款,确保所有的期权合约是标准化且完全替代的。期权清算公司也充当期权买方与卖方之间的中间人。

- 所有的期权交易仅在账面上进行记录,并不存在期权的持有证书。

- 期权买方是多头,期权卖方是空头。买方拥有权利,卖方拥有义务。

- 一份个股期权代表100股标的股票。计算买卖头寸时,记住乘以100十分重要。

- 如果期权被行权了,卖方必须履行对标的股票的义务。

- 行权价格是期权买方能够对标的资产进行买入(或卖出)的价格。如果股票价格高于认购期权行权价格,该认购期权被称为实值期权。如果股票价格低于认购期权行权价格,该认购期权被称为虚值期权。如果股票价格十分接近认购期权行权价格,该认购期权被称为平价期权。

- 期权有一个特定的到期日。不同的期权有不同时间的到期日,但每月的到期日固定为交割月的第三个星期五后的星期六。

- 个股期权能够在到期日之前的任何时刻被行权。当期权买方行权,将会指认一个期权卖方履行义务。当一份认购期权被行权时,期权清算公司指认一个该期权的卖方履行合约义务,即以行权价格卖出标的股票。期权清算公司指派经纪商,再由经纪商指派一个或多个客户履行义务。

第二章　进阶知识

> 投资者的资金与知识都有限；他们不必知道所有事情。只要比其他人对某些事物理解得更透彻，他们就会出类拔萃。
>
> ——乔治·索罗斯(George Soros)，著名的金融家与金融哲学家

- 期权价值
- 交易代码
- 期权是如何交易的
- 进阶知识总结

与期权买卖双方都有关的一个问题：期权价格，或者说是权利金。这一价格由市场决定，并基于每股基点进行报价。由于每份合约代表100股，因此你每次实际为期权支付或收取的价格为报价的100倍。这就是说，如果认购期权报价为2.25美元，你实际上需要为合约支付225美元的权利金(此外还要支付经纪人的交易佣金)。

期权价值

期权价格或者说权利金由两部分组成:内在价值与时间价值。内在价值被定义为实值期权的值,换句话说,基于此时此刻标的股票的市场价格,该期权值多少钱。对于认购期权而言,这一价值取决于股票的交易价格比期权的行权价格高出多少。虚值期权的内在价值为零。权利金高于内在价值的部分被定义为时间价值。下面的等式能够反映出内在价值和时间价值之间的关系:

内在价值+时间价值=总价值(权利金)

为了便于阐述与理解,考虑下面的情形:

辉瑞公司(Pfizer)股票现在的价格是每股 42.50 美元

6 月到期、行权价格为 40 美元的辉瑞公司认购期权权利金为 2.80 美元

6 月到期、行权价格为 45 美元的辉瑞公司认购期权权利金为 0.55 美元

6 月到期、行权价格为 40 美元的辉瑞公司认购期权是实值期权,它现在的内在价值为 2.50 美元。这是由于投资者可以通过对该认购期权行权(以 40 美元购得股票),之后再将所买的股票以 42.50 美元的市场价格卖出来获取每股 2.50 美元的收益。这一期权的时间价值是 0.30 美元,这正好是权利金高出内在价值的部分。6 月到期、行权价格为 45 美元的辉瑞公司认购期权的行权价比现在的股票价格还要高,因此它是虚值期权。它的权利金就完全是时间价值。一份期权可以有一个负的时间价值,尽管这很少见。然而,期权的时间价值在期权即将到期之时常常为零或很接近零。

- 权利金:期权的价格,更准确地说,是买卖期权时支付或收取的金额(每股价格乘以 100 股)。
- 内在价值:实值期权的实值部分。例如,如果 ABC 股票价格为 43 美元,行权价为 40 美元的 ABC 认购期权有 3 美元的内在价值。如果 ABC 股票价格低于 40 美元,则相同期权内在价值为零。
- 时间价值:权利金高于内在价值的部分。例如:如果 ABC 股票价格为 43 美元,行权价格为 40 美元、权利金为 5 美元的 ABC 认购期权的时间价值为 2 美元。如果权利金为 3 美元,则相同期权时间价值为零。
- 平价:如果一份实值期权的权利金正好等于其内在价值,我们说此期权

平价进行交易。

理论价值或公允价值

尽管与股票一样，期权的实际价格是由供求关系所决定的，市场的参与者还是会计算他们认为合理的价格。证券理论价值(或者说公允价值)与证券实际价格的关系——高于、低于或是相等——将会帮助他们决定是买入、卖出还是持有。但如果你询问十名资深的分析师一只股票的公允价值，你也许会获得十个截然不同的答案。这是由于有无数的因素会影响答案的计算，然而对于如何选取因素进行评估却没有统一的方法。期权估值涉及的因素远远少于股票。因此，对于期权理论价值的计算，存在一个被广泛接受的公式。这就是以芝加哥大学两位教授费希尔·布莱克(Fisher Black)和迈伦·斯科尔斯(Myron Scholes)名字命名的布莱克—斯科尔斯期权定价模型。该模型于1973年被首次提出，随后迈伦·斯科尔斯因该模型而获得诺贝尔经济学奖。现如今此模型已成为一个被全行业广泛接受的期权估值的标准方法。

布莱克—斯科尔斯期权定价模型中涉及的因素有：(1)标的股票的价格；(2)期权行权价格；(3)期权剩余时间；(4)标的股票价格波动率；(5)利率；(6)标的股票股息。

波动率

尽管所有人都使用相同的布莱克—斯科尔斯公式，你仍然可能从不同渠道看到同一期权有不同的理论价格。波动率解释了这一差异。波动率用来衡量一只证券在一段时间内价格上升或下降的变化(或是价格可能的潜在移动变化)。它对于计算期权理论价值十分重要，因为它是公式中的一个因素，它说明了标的股票在行权日之前价格高于行权价格的可能性有多大。一只高波动率的半导体股票和一只保守的银行股今天的价格都是30美元一股，你会认为它们在日后的某一天有相同的可能性达到35美元吗？显然不会。它们的历史交易数据很可能会大相径庭，这导致了它们的历史波动率不同。这一波动率的差异将会对它们期权的价格产生巨大的影响。

波动率用一系列历史价格的标准差进行统计描述。但问题在于不同的人使用不同的历史数据。一些人使用较短的一段时期，例如20天或50天的数据，另一些人会使用100天甚至1年的数据。每一个时期的数据都会产生一个不同的波动率估值。更大的问题在于,历史数据不能对未来股票波动率的大小进行准确的预测。知道这些对你来说十分重要,它能够让你在看到报价系统或其他服务为你提供的期权理论价值时保持理智。(更多关于波动率的讨论以及波动率与行权价格如何影响期权权利金的讨论将在第五章与第八章展开。)

利　率

公式中包含利率这个因素也许会让你感到有些吃惊。利率确实影响着期权价格,虽然是一个影响较小的因素。实际上,除非利率在短期内发生剧烈的变动,否则它的影响很难被觉察到。即使利率真的在短期内发生剧烈变动了,它对备兑认购期权的影响也不像它对固定收益债券的影响那么大。利率对期权价格的影响源于套利者组建无风险的股票与期权头寸组合时所需的费用。(关于期权套利与其对期权价格的影响,详见第八章。)当其他条件不变,利率上升时,期权卖方期望收到更高的期权权利金。

股　息

股息会对期权价格产生影响,但一些模型为了方便计算会忽略这一因素。股息是股票持有者从公司盈利中获取的现金。一旦支付了股息,这部分钱将不再算入公司净值中。为了反映这一情况,股票价格将会在除息日相应地下跌。由于期权买方不能获取股息,因此对于支付股息的股票对应的认购期权而言,人们期望它价格更低。此外,股息支付也被认为是将公司部分盈利移除到公司净值外,而不是用于公司内部的再投资,这将会降低公司股票的增长率。一只支付股利的股票对应的认购期权的价值会较低,因为买方知道股票价格在除息日会下跌。由于认购期权的价值取决于标的股票的价格,所以当股息支付临近时,认购期权的价格也会相应地下跌。

因此,高送转股票的认购期权的权利金将会较低。如果卖出一份临近股权登记日准备支付股息的股票所对应的实值认购期权,你必须做好认购期权买方很可能在股利支付之前行权的准备。

理论与实际

上述一切布莱克—斯科尔斯模型中的因子都会决定期权的理论价格。注意这里的关键词是理论上的。市场上期权的实际价格是买卖双方均同意交易的价格,这一价格建立在公式中各因素的综合考虑之上。期权交易所给出的《标准化期权的性质与风险》中,列出了会影响期权实际价格的因素。未包含在布莱克—斯科尔斯模型中的因子有:(1)相关资产(其他股票、股指期货等)现在的价格;(2)期权的类型(美式还是欧式);(3)期权交易市场的深度(流动性);(4)期权的市场供求关系;(5)标的股票的市场供求关系;(6)对未来形势的预测。

考虑到上述这些因素后,期权的实际市场价格可能会与理论价值产生差异。但公式对于期权价值是否(至少在理论上)被高估或低估提供了重要的基准。一些专家及交易所中的做市商相当依赖布莱克—斯科尔斯公式,他们根据这一公式给出其买价和卖价。在给出期权实际价格及交易量的同时,许多期权交易系统也会给出期权的布莱克—斯科尔斯理论价值作为参考。对于备兑认购期权策略来说,期权实际交易价格高于其理论价值往往是一个好消息。

虽然期权的市场价格在交易日中会发生波动,但许多市场因素的共同作用会使它与标的股票的价格保持相关性。(主要是由于套利者的存在,这将会在第八章中进行讨论。)例如,如果标的股票价格上升了,那么认购期权的价格也会随之上升,上升的幅度取决于每一份合约的行权价格。日内价格的波动会在很大程度上影响交易者的利益,但这对于类似备兑认购期权这样的策略的影响较小。

进行基本的备兑认购期权策略时的原则是:当寻找具有吸引力的投资机会之时,你的注意力应当放在寻找一只符合你标准的股票和一份能够提供足够回报的认购期权。尽管市场因素对于交易者及高级的备兑认购期权策略有很大影响,但它对于基本的备兑认购期权策略而言是次要的,因此你的注意力不应当放在期权实际价格是高于还是低于理论价值上。期权的理论价格便于你理解为何期权被定价在相应的位置,但它对于执行备兑认购期权策略并不是那么重要。

交易代码

现如今,想要在报纸上找到期权价格十分困难。报纸上有太多的东西需要印刷了。大部分报纸都不会选择刊登期权价格,而会选择刊登股票收盘价和共同基金的资产净值(NAVs),这是由于更多的人持有这些资产。甚至是《华尔街日报》也只会对一些最活跃的期权价格进行缩写并刊登。但好消息是,与过去从报纸上获取信息相比,现在我们可以从互联网上更快、更多、更好地获取期权每日的数据。

在报纸上,期权通常是按照标的股票名字的字母顺序来排列的,但在网上,你能通过期权代码直接获取到即时的报价,或者通过股票代码搜索到以它为标的的所有期权。网上许多站点都免费提供期权价格信息。(详见第七章及第九章末尾给出的备兑认购期权网络资源列表。)

期权代码由3~5位字母组成,这取决于标的股票的代码。代码规则如下:

股票代码(或者说"根代码")　　依赖于股票代码的1~3位字母

　　　　　　　　　　　　　　　　＋

期权类型与到期日　　　　　　　1位字母(见下表)

　　　　　　　　　　　　　　　　＋

行权价格　　　　　　　　　　　1位字母(见下表)

由于股票代码由4位字母组成,交易所标志了3位字母的根代码进行替换。例如,思科在纳斯达克上的股票代码为CSCO。因为这太长了,因此交易所对思科的期权使用根代码CYQ。

用于指明期权性质的代码字母如表2-1所示。

表2-1　　　　　　　　　用于指明期权性质的代码字母

类型与到期日						
认购期权		认沽期权		认购期权		认沽期权
A	1月	M		G	7月	S
B	2月	N		H	8月	T
C	3月	O		I	9月	U
D	4月	P		J	10月	V
E	5月	Q		K	11月	W
F	6月	R		L	12月	X
行权价格						
5或105		A		75或175		O
10或110		B		80或180		P
15或115		C		85或185		Q
20或120		D		90或190		R

续表

行权价格			
25 或 125	E	95 或 195	S
30 或 130	F	100 或 200	T
35 或 135	G	基于 2.50 的行权价格	
40 或 140	H	7.50	U
45 或 145	I	12.50	V
50 或 150	J	17.50	W
55 或 155	K	22.50	X
60 或 160	L	27.50	Y
65 或 165	M	32.50	Z
70 或 170	N		

示例：

4 月到期、执行价格为 60 的雅培认购期权	ABTDL
7 月到期、执行价格为 17.50 的思科认购期权	CYQGW
6 月到期、执行价格为 30 的通用电气认购期权	GEFF
6 月到期、执行价格为 30 的摩根大通认沽期权	JPMRF

由于期权合约发行后会不断进行调整，交易所时常需要随之更改期权代码。这些调整将会在下一节进行讨论。

调 整

如果一个与标的资产相关的事件发生了——例如股票分拆、公司合并与拆分，期权合约的性质需要进行相应的调整以确保买方与卖方在事件发生前后实际拥有相同的头寸。这些调整可能涉及行权价格与资产数量，但不会牵涉到期日。

假设 XYZ 公司决定将其股票一分为二进行分拆。公司为每一股发行的股票进行配股，股价会因此立即变成原来的一半。股票持有者在股票分拆前后拥有相同比例的 XYZ 公司股份。但如果不对 XYZ 的认购期权进行调整，其持有者购买 100 股股票将只有股票分拆前获取的公司所有权的一半。期权的性质需要进行调整以匹配标的股票的调整。

期权交易所联合小组与期权清算公司将会决定期权的调整。在 XYZ 的例子中,在股票分拆发生的时点上,期权买卖双方合约数量都将翻倍,合约行权价格都将减半。表 2-2 给出了分拆前后的对比。

表 2-2　　　　　　　　　　　　分拆前后对比

股票持有者	
股票分拆前	股票分拆后
85 美元一股	42.5 美元一股
拥有 200 股	拥有 400 股
期权卖方	
股票分拆前	股票分拆后
卖出 2 份 6 月到期、行权价格为 85 美元的认购期权	卖出 4 份 6 月到期、行权价格为 42.5 美元的认购期权

其他分拆方式,例如 2 股拆成 3 股,或是 4 股拆成 5 股,会产生出一些分数的行权价格,例如 16.7 美元。对于这种分拆,股票数量也可能发生改变——比如说变成 133 股或 150 股——以匹配新的行权价格。

常规的现金股利(低于股票价格 10% 的现金分红)被认为是不会改变期权性质的。其基本原理是这些分红已经被反映在一段时间的股价里了,它并不会对股票价格产生实质性的改变,并引起期权的调整。此外,每次公司进行常规分红时进行调整也是不切实际的。

当公司拆分出一个新公司时,新公司的股票将成为期权合约的一部分。例如,如果 XYZ 公司对每 100 股 XYZ 普通股配给 10 股 QRS 股票,一份先前标的资产为 100 股 XYZ 股票的认购期权,现在将获得 100 股 XYZ 股票与 10 股 QRS 股票。

作为一名备兑认购期权策略使用者,由于你持有标的资产股票,你会得知例如分拆等重大事项的发生与进行。你同样能查阅芝加哥期权交易所的网站,来获取期权调整的信息。当合约对应股票数发生改变时,交易所同样会改变期权代码,以确保它与 100 股的标准化合约能够进行区分。

对于一个已经建立好的备兑认购头寸而言,调整并不会带来什么问题。但当你建立一个新的头寸时,务必确保你所卖出的期权头寸能匹配你所拥有的股票头寸;例如,如果期权空头头寸被调整到了 150 股,100 股股票便不能完全覆盖住期权空头头寸。当想要对调整过的头寸进行平仓时,也请检查是否使用的是新的代码。

到期日月份

扫一眼《华尔街日报》的期权表或是电脑上显示出的不同股票的期权,会发现它们的到期日在不同的月份。一份股票期权的到期日是1月、2月、4月和7月,而另一份股票期权的到期日是1月、2月、5月和8月,这看起来似乎有些奇怪。然而这些到期日背后是有一定的逻辑的,尽管这样的逻辑有些模糊。20世纪70年代,期权第一次开始在正式的交易所进行交易,那时所有的股票期权到期日都只有3个月、6个月和9个月几种。当3个月过去后,第一个期权到期了,一份新的9个月的期权将会被添加进来。之所以这么做,一方面是由于开始时没有足够的交易量(流动性)来对个股衍生出每个月到期的期权,另一方面是由于这能够使交易所提供与标的公司季报周期一致的期权到期日。

因此,在最初的时候,期权到期日被设计成以下三种季度循环:

1. 1月—4月—7月—10月
2. 2月—5月—8月—11月
3. 3月—6月—9月—12月

在那时,期权到期日只会出现在上述三种月份循环中,当最近的到期日到达后,新一轮的季度循环又开始了。如果ABC股票的期权在一号循环中,那么在最开始,可能能够进行到期日为1月、4月和7月的交易。在1月的期权到期日过后的那个周一,交易所将会允许对10月到期的期权进行交易,以确保仍然有三种不同期限到期日的期权。

对于在1月循环中的股票而言,运行的过程如下(到期日月份被加粗表示):

1月1日之时:**1月** **2月** **3月** **4月** 5月 6月 **7月**

当1月到期的期权到期后:**2月** **3月** **4月** 5月 6月 **7月** 8月 9月 **10月**

当4月到期的期权到期后:**5月** 6月 **7月** 8月 9月 **10月** 11月 12月 **1月**

……

然而很明显,比起3个月或9个月的期权,期权买卖双方都对到期日为近2个月(这个月与下个月)的期权更感兴趣。鉴于这个原因,交易所在原有的季度循环结构的基础上加入了到期日为近2个月的期权。因此,相比于以往只有三种到期期限结构的期权,现如今有四种到期日可供选择——最近的 2 个月以及季度循环中后面的那 2 个月。

1 月循环如今这样运作:

1 月 1 日之时:1 月 2 月 3 月 4 月 5 月 6 月 7 月

(2 月被加入了进来,这样就有了到期日为近 2 个月的期权。)

当 1 月到期的期权到期后:2 月 3 月 4 月 5 月 6 月 7 月

(3 月被加入了进来。)

当 2 月到期的期权到期后:3 月 4 月 5 月 6 月 7 月 8 月 9 月 10 月

(这时已经有了近 2 个月的期权,因此 10 月被作为下一个季度性的月份被加入了进来。)

你不需要去记忆这些规则。你只需要记住,对于所有标的股票,你都能买到到期日为近 2 月的期权,但另两种期限较长的期权的到期日因标的股票的不同而不同。

从 1990 年起,期限长于 9 个月的期权也出现了。它被命名为长期期权(long-term equity anticipation securities, LEAPS)。长期期权包含 300 多种股票。它通常是 1 月到期,其期限能够长达 3 年。除此之外,它同普通期权运作方式相同。最初长期期权拥有一个特殊的代码,以区别于其他 1 月到期的短期期权,但当它进入普通期权到期日循环之后,它的代码会发生改变,它也将变成普通的 1 月到期的期权。(第八章会对长期期权进行深入的讨论。)

期权是如何交易的

交易所

在股票与期权交易所中,有两种方式的交易制度:专营商制度和做市商制度。在专营商制度中,专营商(实际上是一家公司)维系市场的运作。当没有外部的买方与卖方时,专营商负责从他或她的账户中给出买价与卖价,然后公众对此进行交易。而在做市商制度中,是由相互竞争的几个做市商为市场提供这种功能的。纽约证券交易所(NYSE)和美国证券交易所的股票交易采用专营商制度,而纳斯达克交易所内的股票通过电子化的远程做市商进行交易。美国证券交易所与费城交易所里的期权通过专营商制度进行交易,而芝加哥期权交易所使用做市商制度。在芝加哥期权交易所内,委托指令被交到指令登记员手中。如果芝加哥期权交易所内进行的期权交易出了问题,你的经纪人会联系指令登记员来解决它。

大多数情况下,备兑认购期权策略不需要太关心不同交易所的不同交易制度。在实际操作时,两种交易制度对你来说没什么差别。但当你想要迅速实现一份缺乏流动性的期权的交易时,两种制度会有一些区别。最大的区别在于,在做市商制度中,如果你设置了一个限价委托指令——一个只有当价格达到或优于你设定的价格时才会生效的指令——当期权到达你设定的价格时,你的委托指令仍然可能没被完成,只要交易中存在做市商。这意味着即使你看到了期权在你设置的价位上达成了交易,但你的委托指令也不一定会被执行。如果期权达到了你设定的价格,只有当你之前下达的交易委托指令都被完成后,你的委托指令才会被完成。

期权能够通过多个做市商在多个交易所进行交易。当你看到网上的报价时,你通常(虽然并不是总是)会看到一个组合报价,这组报价意味着所有来源中的最优买价与卖价。当你输入指令后,你不会知道你的经纪公司的电脑将你的指令传送给了哪个交易所,它总是会将指令送给当时价格最优的交易所。为了方便理解,考虑如表3—3的某份期权的报价假设情形。

表2—3　　　　　　　　　　某份期权的报价

来源	买价	卖价
A	1.10	1.30
B	1.05	1.25
C	1.05	1.20
D	1.10	1.25

对于上述期权,将会显示出1.10买价与1.20卖价的组合报价。一个买入的市价委托指令应当在1.20处执行。但如果你的指令只发送给了A或B或D,你买入的价格可能会变成1.25或1.30。如果你设置了一个1.20买入的限价委托指令,指令应当被立刻执行,但如果你的指令没有传送给C,将可能不会被执行。

有时,你的报价系统可能会仅仅显示一个市场的报价,而不是组合报价。你获取到的报价与交易的信息也可能会有 20 分钟的滞后延迟。第七章将会给出一些设置指令的建议,关于如何获取到实时组合报价也会在第九章给出。

在每天开始交易之时,所有的期权交易所都会有一个叫作开盘循环(opening rotation)的过程。这段时间用于为开盘时所有的期权提供一个有序的市场,并确保所有的期权都以同一价格开盘。(股票都以同一价格开盘,但期货开盘时会有一系列价格。)这一过程依照如下规则运作:

● 期权必须在标的股票开盘后才能开盘进行交易。因此,如果股票在某天延迟开盘或停牌,期权交易也必须相应地暂停。

● 期权的开盘必须按照一个固定的顺序,到期日最远、行权价格较低的期权最先开盘,到期日最近、行权价格较高的期权最后开盘。

● 一旦一份期权的开盘价确定后,直到同一标的资产的所有期权都开盘后,该期权才能够以其他价格进行交易。

● 如果想要以开盘价进行期权的交易,那么委托指令必须在开盘循环之前给出。

● 客户的委托指令优先级高于做市商自己的。

循环过程对期权市场来说是一个高效的、有序的开盘方式,但并不是完美的。即使有了电脑的帮助,此过程中交易也不是瞬时完成的,只有当整个开盘循环完成后,循环期间内收到的委托指令才会被处理。标的股票在这段滞后延迟的时间里价格可能会发生很大的改变。备兑认购期权策略使用者最好等到循环结束时再开始进行委托与交易。

电子化报价交易系统

如果你认为在纽约证券交易所工作的 IBM 股票专营商很辛苦,想想他只需要操心一只股票。而 IBM 期权的卖家需要同时操心 4 种不同到期时间、7 种不同行权价格的认购期权与认沽期权,这一共是 56 种不同的资产。而且,如果标的股票价格发生变动,每一种期权的价格都会发生改变。但你不必因此感到担心,因为现在所有期权的买价、卖价等信息的实时更新都由电脑完成了。

这听起来似乎有一些机械呆板,但这确实比过去人工的方式好多了,人工报价可能会给出一个过时的价格。在早些时候(这并没有距离现在很远),你不得不提交一些你明知已经偏离市场价格的期权委托指令,以强迫交易所更新报价信息。在看到更新后的报价后,你需要先将之前的委托指令取消掉,然后再下达一个更加可能被执行的委托指令。如果标的股票的价格这时又发生了变化,你就陷入了一场与交易所之间的猫和老鼠的游戏中。

尽管备兑认购期权策略不会在同一天进行好几次买入卖出的操作,理解交易是如何进行的也是十分重要的。利用这一知识,你能够更好地对以下问题进行评估:

- 何时适合使用市价委托指令,以最优的价格买入或卖出期权,而何时适合使用限价委托指令。
- 怎样的价位是你能够合理预期并被执行的。
- 你所拥有的头寸是否使你的利益最大化或满足你的标准。

流动性

流动性意味着资产交易的活跃程度。相对于股票而言,这一概念对于期权更为重要。流动性好的期权交易活跃;而缺乏流动性的期权交易不活跃。并没有一个确切的数字来区分这两者,但如果一份期权每天交易上千张合约,显然它拥有良好的流动性;而一份期权如果很少甚至根本没有交易,它显然缺乏流动性。如果某份期权平均每天交易不足 100 张合约,它的买价与卖价之间的价差也许会很大,这时最好考虑清楚是否建立该期权的头寸。如果期权每天交易不足 50 张合约,那除非它的标的股票十分引人注目,否则最好还是避免建立这种头寸。

问题的焦点在于是否有足够的活跃性来完成交易。一般情况下,期权流动性越差,价差就会越大,当你使用市价委托指令时需要支付更多来进行买入(或卖出时收到更少)。在一次交易中,1/4 基点(25 美元每张合约)并不会影响你的年化收益率。但在一年内的多次交易中,这会对你的收益产生影响。这是一个大家都公认的原理。大多数时候,如果使用限价委托指令并拥有一点耐心,将有可能在买价与卖价之间的某个价位卖出期权,甚至是以卖价卖出。但对于缺乏流动性的期权,可能只能以买价卖出,甚至还有在你等待买家的时间里股票价格发生变动的风险。

当你评估一份期权流动性的时候,除了关心日平均交易量外,还需要关心它的未平仓数量。未平仓数量告诉你该期权在头一天晚上平仓结束后还剩下多少未平仓的合约。如果某期权未平仓数量多于1 000张合约,该期权的流动性无疑是良好的,但这里也并没有一个确切的数字说明期权流动性的好坏。如果最近一只股票价格发生了变化,你会看到最新行权价格的期权可能根本没有未平仓数量。这并不意味着你需要避开这种期权。这只是告诉你以你满意的价格进行交易也许不那么容易。

最近,期权交易所开始着手制定期权报价的盘口数据,这些数据反映在每一个买价与卖价有多少张期权合约。例如,如果你看到某份认购期权在某个买价有30张合约,这意味着你能够在那个价格卖出30张合约——无论当时的成交量与未平仓数是多少。此时也有可能卖出多于30张的合约,但你能确定你至少能卖出30张。由于期权市场的电子化,这一数据现在已经可以获取到。当专营商或做市商进入到电子化交易系统时,他们必须告知系统在某一买价或卖价上他们能够提供多少张合约。因此,数量现如今对于个人而言已经是可获得的数据了,而不是像前些年那样只有专业的机构才能获取到这一信息。

进阶知识总结

- 买入或卖出一份期权时支付或收取的钱叫作权利金。期权价格报价一般为每股价格,而权利金常常是你需要为一张合约支付的实际金额。例如,一份报价4.50美元的期权的权利金为450美元。

- 期权权利金由内在价值和时间价值两部分组成。内在价值(也叫作现金价值)是实值期权的实值部分,换句话说,除去交易佣金,如果现在立即被行权,该期权值多少钱。对于认购期权而言,内在价值取决于现在股票价格高于行权价格多少。时间价值被简单定义为期权权利金高出内在价值的部分。

- 期权的理论价值用布莱克—斯科尔斯公式计算。公式中包含的影响期权价格的因子有标的股票价格、期权行权价格、期权剩余时间、标的股票波动率、股息支付与利率。尽管所有人都使用这一公式,但由于使用不同时间段的数据测量波动率,结果会不一致。波动率用来衡量一只证券在一段时间内价格上升或下降的变化。

- 期权通常有四种不同的到期时间:最近的2个月以及标的股票季度循环中的下2个月。三种季度循环是:

1. 1月—4月—7月—10月
2. 2月—5月—8月—11月
3. 3月—6月—9月—12月

● 期权代码由3~5位字母组成(取决于标的股票代码),其创建方法为:股票代码(根代码)＋代表期权类型与到期时间的一位字母＋代表行权价格的一位字母。

● 一些重大事项可能会导致期权交易所调整期权合约的性质,即使你已经买入或卖出一份期权。调整由期权交易所与期权清算公司联合小组决定,当需要对事件发生前后头寸保持一致时才会进行调整。常规现金股利(低于股票价格10%的现金分红)不被认为会引起期权性质的改变,因此不会进行调整。当期权进行调整后,会有一个新的代码以区别于标准化的期权合约。

● 美国证券交易所与费城交易所使用专营商制度进行期权交易,芝加哥期权交易所使用做市商制度进行交易。无论在哪一个期权交易所,在每天开始交易之时都会有一个叫作开盘循环的过程。这一过程是为了开盘时给所有的期权提供一个唯一的开盘价,形成一个有序的市场。

● 当对一份市场上出售的期权进行评估时,你需要查看它的日平均交易量、未平仓数和买价卖价的盘口大小来衡量它的流动性。流动性会对你能否获得一个合理的成交价产生影响,它甚至会影响你能否在你想要的价位进行交易。

第三章 备兑认购期权机制

显然,人们对于期权只是用于投机的偏见,随着备兑认购期权概念的出现完全且不可逆地改变了。

——马克斯·安斯巴克(Max Ansbacher),安斯巴克投资管理公司(Ansbacher Investment Management)董事长,著名期权专家

- "有效"备兑认购期权的必要条件
- 备兑认购期权的风险与收益
- 潜在收益的计算

第一章与第二章介绍了期权与期权市场的基础概念,以及交易时的原理与方法手段。这一章将介绍如何利用认购期权空头与股票多头来建立一个拥有独特收益与风险性质的备兑认购期权投资策略。

早在期权还未在正式的交易所内进行交易之前,以上述方式将股票与认购期权结合起来就已经被当作一种保守的技术手段使用了。事实上最开始,股票持有者在报纸上刊登广告,来售卖他们手头股票的认购期权。而当认购期权成为正式的上市证券后,就被保险公司、捐赠基金、养老基金等机构的资产组合经理用来降低股票资产组合的风险。不幸的是,那时个人投资者很难去充分利用

期权这项金融产品。期权的实时价格信息要么十分难以获得,要么十分昂贵,另一方面交易费用也吞噬了中小投资者的一部分收益。但随着折扣经纪商和股票与期权网上数据的出现,所有的这一切现在都已经改变了。现在,备兑认购成为一种切实可行的投资策略,只要股票的投资者愿意花一些时间去了解它。

"有效"备兑认购期权的必要条件

正如上文中提到的那样,备兑认购期权策略涉及股票的持有与认购期权的卖出。任何到期时间与行权价格的认购期权都能够卖出以实施备兑认购策略。头寸规模可以是任意大小(100股和1张合约,2 500股和25张合约,25 000股和250张合约等),股票与期权的头寸应当是同时建立的,或是卖出你的资产组合中已有的股票头寸的认购期权。为了让经纪公司认可你的账户是有效的备兑期权账户,股票与期权的头寸必须满足以下条件:

- 股票与期权必须在同一个账户中。例如,你不能够用个人退休金账户买入股票而用常规账户卖出认购期权。

- 持有的股票必须是期权空头的标的资产,或者可转化成为其标的资产,例如认股权证或是其他期权。如果你想要卖出ABC股票的认购期权,这时你的账户中拥有其他20只股票,即使其价值远大于100股ABC股票,你的ABC认购期权仍然会被认定为裸期权,除非你的账户中拥有100股ABC股票。(第七章将会进行使用认股权证或其他期权进行备兑的讨论。)

- 你必须持有足够的股票数来满足认购期权的行权交割需求。除非发生了调整,每一份认购期权需要100股标的股票进行备兑。如果卖出5份认购期权,股票数少于500时将会有至少一份认购期权是裸期权。股票数多于期权行权交割需求的数量是没问题的。

这些标准并不仅仅是理论上的。它们决定了你是否受制于保证金要求,或说你的账户是否能够维持这样的一个头寸。例如,只有完全备兑的期权头寸,才能够被允许使用在现金账户或退休金账户中。

备兑认购期权的风险与收益

尽管你的账户中显示的是两个独立的头寸,但这两部分组成的备兑认购头寸却具有与它的两个组成部分均不同的风险与收益性质。图3－1说明了这一点。

仅持有股票多头　仅持有认购期权空头　平值备兑认购

收益与损失

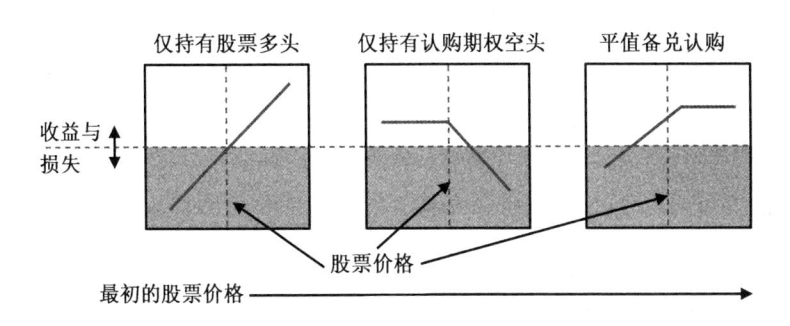

股票价格

最初的股票价格

图3－1　备兑认购与其组成部分各自的基础风险与收益

如果仅持有XYZ股票多头，则在股票价格上升时拥有一个一美元对一美元的收益，而在股票价格下降时也同样拥有一美元对一美元的损失。换句话说，股票价格每一美元的涨跌对投资者来说都意味着一美元的收益或是损失。理论上来说，股票头寸的收益是无限的，而最大损失即是你支付的股价。一个不包含标的股票头寸的认购期权空头头寸被认为是一个具有极高风险的裸期权头寸。它的最大收益等于你卖出认购期权时收到的净期权费，而由于XYZ股票价格的上涨，理论上它的损失是无限的。这是由于如果期权全被行权，为了进行交割，你必须在市场上买入股票。所以股票价格高出行权价格越多，需要从你的口袋里掏出来的钱也越多。

一份单纯的平值备兑认购（期权行权价格＝股票现在的价格）减小了单独持有股票的下行风险，并完全消除了空头认购期权头寸的上行风险。卖出认购期权时获得的权利金降低了建立股票头寸的花费。这降低了你的盈亏平衡点——既不赚钱也不赔钱的股票价格，当然也降低了你可能的最大损失。由于你不必去市场上买入股票以履行认购期权空头的转让权，你也消除了股票价格大幅上涨时裸认购期权所拥有的风险。

备兑认购策略降低风险的代价是限制了上行的可能最大收益。一份平值备兑认购的上行可能最大收益等于收到的期权权利金。而虚值备兑认购的上行可能最大收益来源于权利金与行权价格高出股票初始价格的部分。通过改变认购期权的行权价格，备兑认购策略使用者能够平衡其收益与风险以满足他们的目标。此外，当股票价格波动剧烈时，备兑认购会比单纯的持有股票或卖出期权更有优势。

现在考虑一个如下的两月后期权到期的头寸：

100股48美元每股的XYZ股票多头

1份11月到期、执行价格50美元、权利金2美元的XYZ认购期权空头

图3-2给出了到期日拥有以上两种头寸的备兑认购与单纯持股票多头的收益。它显示出，虽然放弃了一些股票价格上行时的可能收益，但备兑认购策略使用者在股票价格低于52美元时享受到了更高的收益。如果到期日股票价格低于50美元（行权价格），备兑认购策略的收益比股票高出两个点，这正是期权权利金的金额。当股票价格达到50美元后，两者之间的差距将会逐渐缩小，直到股价达到52美元，即行权价格加上期权权利金。当股价为52美元时，备兑认购和股票拥有相同的收益；当股票价格高于52美元时，股票收益将会更高。因此，52美元是两种策略的"交叉点"价格。

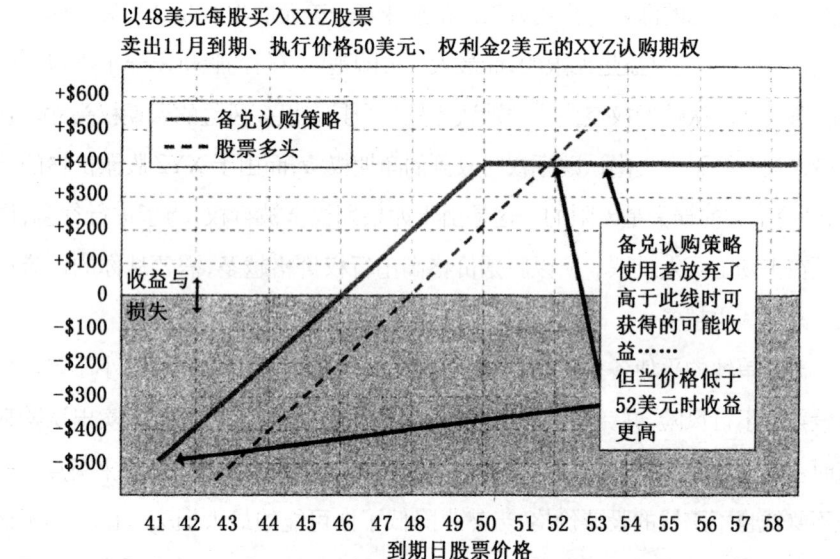

图3-2 备兑认购策略与股票多头的比较

表3-1总结了上述例子中三种头寸的收益与损失情况。

表 3—1　　　　　　　　　三种头寸的收益与损失性质

	股票多头(单独使用)	期权空头(单独使用)	备兑认购策略
最大收益	无限	2	4
最大损失	48	无限	46
股价盈亏平衡点	48 (股价低于此价时开始发生损失)	52 (股价高于此价时开始发生损失)	46 (股价低于此价时开始发生损失)

不同时期的风险/收益特征

上述阐述在许多期权教材中都能找到。它对于理解买入股票、卖出备兑认购期权的基本风险与收益性质很有帮助，但缺少将备兑认购策略作为持续进行的多期投资过程的风险与收益性质的描述。它仅对于一期期权有效，而忽略了随着时间的推移，多期备兑认购的风险与收益性质将会发生改变。

当你购买股票后，你的风险与收益保持不变，直到你卖掉它为止。你的持有期可能是一天、一个月，或是十年。持有期多长或这段时间内股价如何波动都无关紧要。在上述的例子中，如果你以48美元买入股票，6个月后股价到了120美元，你就获得了72美元的账面收益，这时除非你卖掉了股票，否则你最初投资的盈亏平衡点不会变化，你也未获得任何实际的收益与损失。因此如果股价在接下来的6个月里变成了25美元(这在过去的几年内常常发生)，而你选择在这一价位卖掉了股票，那么你仍然损失了大约期初投资的一半。

假设你最初使用的是XYZ股票的备兑认购策略，并假设在期权11月到期的那一天，股票价格是49美元。那11月到期、行权价格为50美元的认购期权将一文不值，而你仍然持有股票。这时你可以选择卖出一份1月到期、行权价格为50美元、权利金为2美元的认购期权。如果你这样做了会发生什么呢？你通过收取新的权利金，降低了你的最大可能损失，降低了你的盈亏平衡点，提高了你的最大可能收益——这三个数分别变成了44美元、44美元和6美元。因此，对于最初的头寸来说，你的风险比单独持有股票小(尽管这同样降低了你的最大可能收益)。几个月过后，你还可以继续这一过程获取更多的权利金，降低更多的风险，提升更多的最大可能收益。图3—3展示了这一情景，阐明了同一股票头寸的未来多期的备兑期权是如何降低风险提高收益的。因此，长期来看，备兑认购投资策略能够用较小的风险获取接近股票的收益。

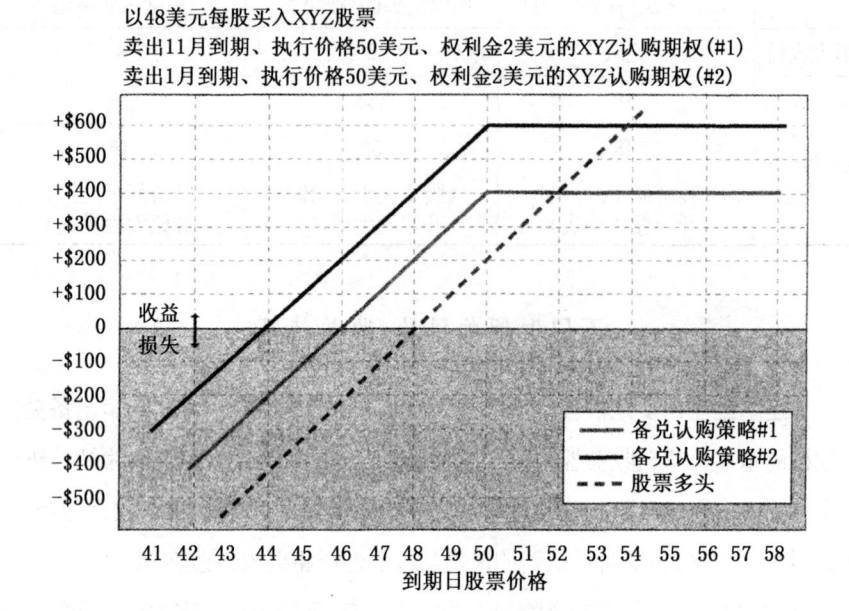

以48美元每股买入XYZ股票
卖出11月到期、执行价格50美元、权利金2美元的XYZ认购期权(#1)
卖出1月到期、执行价格50美元、权利金2美元的XYZ认购期权(#2)

图3—3　第二次备兑认购后风险与收益的改变

当然,股票的价格并不一定会保持平稳,来给你机会以相同的行权价格卖出第二份认购期权。然而,无论股票价格在第一次实施备兑认购后上升还是下降,对投资者而言总能够采取相应的后续行为来降低风险、降低盈亏平衡点、提升最大可能收益。不幸的是,对于长期的多次备兑认购策略风险与收益,你无法用图表表示出来,因为你需要考虑无数不同的情景并采取不同的后续行动。但正如上文所述,你能够知道每一次的后续行动将会怎样改变你的风险与收益情况。下一章将会对此进行更深入的讨论。

风险转移

认购期权买方通过购买一段特定时期内股票价格上行至特定价格之上的可能性,为备兑认购策略提供了动力。当然,购买认购期权,将可以利用有限的投资资金享受到无限的上行可能收益与有限的可能损失。杠杆率可以被放到很大。例如,当微软的股价为58美元时,你可能以6.6美元权利金,即660美元购买一份期限为8个月、行权价格为60美元的认购期权。这份期权仅仅需要花费你比股票价值的10%多一点的钱——股票本身值5 800美元,但在未来的大半年时间里如果微软股票价格上升,你将获得丰厚的回报。另一方面,期权购买者的全部风险只有 660 美元,而股票持有者的风险理论上是 5 800 美元。

认购期权买方知道这一行为也可能对他造成损失,虽然并不是大多数时候都会如此。这是因为对于这一头寸而言,在到期日之时,股票价格必须不仅是上升,且必须上升到期权买方的盈亏平衡点以上——行权价格加上认购期权权利金(在上述微软的例子中为 66.6 美元),认购期权买方才能够获取盈利。实际上,认购期权买方并不会一直持有其认购期权到到期日,而更愿意在股票价格使他们满意之时行权获取短期的盈利。然而无论他们是否持有至到期日,他们总是希望获取一定的收益以弥补他们承担的风险。

在这一过程中认购期权卖方承担着相反的角色。随着他们卖出的认购期权时间价值的逐渐减少,他们获取一系列小的、稳定的收益。由于备兑期权策略使用者拥有标的股票,股票价格上行时认购期权的损失被完全对冲掉了,但股价上行时的收益也减少了。当然,他们仍然有股价本身下行的风险。

在一段时间内,备兑认购策略使用者相较于股票持有者而言,股票价格上行时的收益是确定的。无论股价上升到多少,这一收入都是固定的。与此同时,相较于股票头寸,它也能够减少股价下行时的风险。备兑认购策略使用者知道当股票价格上涨时,这一策略的可能收益并不如同期持有股票那么大,但他们也知道当股票价格下跌或不变时,期权权利金的获取将为他们提供比单纯持有股票遭受更小的损失。

做空认购期权与做空股票的对比

在以上的讨论中,我们必须清楚地认识到,尽管备兑认购包含期权空头,但它与股票空头也是截然不同的概念。对于一些单纯的投资,卖空股票,意味着卖出你实际所不拥有的股票,这等同于风险与投机。一些人会害怕某只股票的空头方"团结"起来,共同唱空一只股票并最终实际拉低了股价。部分这种污名也被烙在了备兑认购上,但这完全是一种偏见:当你持备兑期权空头,你不过是卖给某人购买你已经持有的股票的权利;你并没有卖出什么你不实际拥有的资产。更重要的是,当你持认购期权空头来对冲股票头寸时,你仍然是市场上的唱多者:你更希望股票上涨而不是下跌。因此,备兑认购的期权空头与股票空头并不一样。(如果你没有股票而卖出一个裸认购期权,那便是另外一回事了。)

表3-2是一个股票空头与认购期权空头的简单比较。

表3-2　　　　　　股票空头与认购期权空头的简单比较

股票空头	备兑认购期权空头
熊市策略——股票价格下跌时你获得收益	中性或牛市策略——股票价格保持不变或上涨时你获得收益
如果股票价格上涨,理论上有无限大的风险	当股票价格上涨时,获取收益,仅仅损失一些更大收益的机会(如果到期日时期权平仓发生损失,但这一损失会被股票的收益所抵消)
卖出你实际不拥有的股票,需要你的经纪人借给你股票卖出	卖出你已经拥有的资产的权利,并不需要借入任何东西
需要保证金	不需要保证金
必须高于股票价格才能使用——即给出的价格必须高于股票最新的成交价	没有上升的规则限制

更多关于行权与转让的内容

　　第一章中曾经提到,期权的持有者能够在到期日之前任何时间行权。这意味着备兑认购策略使用者在任何时刻都可能收到转让通知。这看似挺令人担忧的,但实际上并不需如此。事实上,在到期日之前行权对卖方来说通常是一个好消息,这加快了获得收益的速度,并因此增加了他或她的收益。这类似于银行在你的定期存款到期之前将本金与利息提前给你了。唯一真正令人感到不悦的是,当你卖出认购期权时,你并不希望它被行权(由于税收或是其他一些原因),这一节的讨论将会帮助你避免这些。

　　虽然认购期权能够在任何时间行权,但除非持有者能从行权中获得利益,否则就不会行权。因此,决定是否进行提前行权的关键是持有者是否认为能从中获取更高的收益。认购期权持有者通常认为在到期日之前标的股票的价格将会大幅上涨。但他们真正想要的并不是行权本身而是在到期日之前进行平仓获取利润。他们很少为了获取股票而购买期权,他们也不希望由于行权和卖出股票而导致额外的交易佣金。因此很少有认购期权买方会选择在到期之前行权。对于虚值期权而言,以上结论是显而易见的(当市场上股票的价格是35美元时,对一份行权价格为45美元的认购期权行权显然是不明智的,无论最开始你支付了多少权利金)。

但当股票价格上升,期权变成实值期权时会怎样呢?假设你的认购期权的行权价为 45 美元而此时股票价格是 50 美元。理论上来说,你会立刻行权并卖出股票,这样你就能获得 5 美元的期权内在价值。但别忘了直到期权到期日来临之时,期权都还含有时间价值,即使它现在是一份实值期权。只要期权还有时间价值(无论它是否能使你获利),期权买方通常会通过直接卖出期权来获取更多的收益而不是行权并卖出股票。

示例:

DEF 股票的价格为 53 美元

8 月到期、执行价格为 50 美元的 DEF 认购期权的权利金为 3.75 美元

如果持有 DEF 认购期权,行权对你来说是不明智的,哪怕它是一份实值期权。这是为什么呢?期权有 3.00 美元的内在价值,但你如果行权就放弃了它所拥有的 0.75 美元的时间价值。这时更好的做法是以 3.75 美元卖出认购期权,并在市场上以 53 美元买入股票。这样做相当于你花费了 49.25 美元买入了股票,而不是行权时花费的 50 美元。(实际当中,你还会考虑交易佣金对行权的影响。)

注意:你购买认购期权时的价格与上述讨论是不相关的。无论你现在的头寸是获利还是损失,只要期权仍然有时间价值,卖出期权比对期权行权更好(除非你的交易成本会吞灭那部分时间价值)。

这对于备兑认购策略使用者来说意味着什么呢?只要期权还有时间价值,它被提前行权的可能性就很小。因此如果你还担心被指派行权,查看一下期权是否还有时间价值就好了。如果期权是实值期权并且含有不低于 0.50 美元的时间价值,它基本不会被行权。如果它仅有 0.05 或 0.10 美元的时间价值,或它的买价低于它的内在价值(例如,上例中,在股票价格为 53 美元,而期权买价为 2.90 美元时),那么你可能会被提前指派行权。还有一个可能导致提前指派行权的原因是现金股利的发放。期权持有者有时会在股利登记日之时选择行权获得股票,但再次重申,除非期权价格十分接近平值期权(没有时间价值),否则这并不会常常发生。

在期权到期日,如果股票价格正好等于行权价,行权指派可能发生也可能不发生。在上述的例子中,如果 DEF 在期权到期日之前的那个周五的收盘价正好是 50 美元,期权卖方可能收到指派通知,也可能没被指派,或是部分被指派。收

到一部分头寸的指派通知并不奇怪。例如，你拥有 1 000 股股票和 10 份认购期权空头头寸，你可能会收到 300 股被行权的指派通知。

作为备兑认购策略使用者，对你来说最好的情况就是在期权到期日时股票价格正好等于行权价格，且你没有被指派行权。如果发生了上述情况，你获得了这段时期的最大收益，并且仍然拥有股票。你不会因为被指派行权与购买新的股票而产生交易费用，而且你还能在接下来的时间里继续卖出你手头股票的认购期权以获取平值期权的权利金。

潜在收益的计算

由于备兑认购策略拥有确定的期限与最大可能收益(你卖出期权获得的权利金)，我们很容易根据标的股票在到期日的不同价格的情况计算出回报率。一般而言，备兑认购的回报取决于以下两个关键价格：期权行权价格与股票的现价。由于电脑能够轻易地建立所有拥有个股期权的股票的所有可能的备兑认购策略，备兑认购策略使用者能够很容易地比较卖出同一只股票的不同认购期权或是卖出不同股票的认购期权的风险与潜在收益，即便价格在实时变动。(第九章会讨论一些网上提供的基本服务，来为备兑认购策略使用者提供此类比较。)

行权收益率(RIE)

当股票价格在期权到期日高于行权价格，期权被行权时，备兑认购策略能够获得最大的可能收益。这时的收益率常常被叫作行权收益率(RIE)或是指派收益率。行权收益等于行权价格高出股票初始价格的部分加上期权权利金收入，它能够被表示成到期日这段时期的绝对收益率或是年化收益率。

再次考虑前面使用过的这个例子：

以 48 美元每股的价格买入 100 股 XYZ 股票

卖出一份 11 月到期、执行价格为 50 美元，权利金为 2 美元的 XYZ 认购期权

假设这就是期权到期日前 2 个月的最初头寸，并假设没有交易成本。

绝对行权收益率＝(认购期权权利金收入＋股票的潜在收入)/期初股票投资金额

＝{100×[权利金＋(行权价格－股票初始价格)]}/股票初始价格

　　＝[200美元＋(5 000美元－4 800美元)]/4 800美元

　　＝400美元/4 800美元

　　＝8.33%

(注意:对于实值备兑认购期权,行权价格减去股票初始价格将会是个负数。)

年化行权收益率＝(绝对行权收益率×365)/期权持有期

　　＝(0.083 3×365)/60

　　＝50.67%

对于卖出一份虚值认购期权的备兑认购策略来说,这一年化收益率并不足为奇。记住,这是最好的情况下的收益率,并且假设了这一年当中剩下的时间里你也能卖出新的期权并获得相同的收益率。因此对于一个单独的备兑认购策略而言,获得上式计算出的年化收益率是不切实际的。尽管如此,年化行权收益率作为一个不同备兑认购策略的比较与排序而言是有用的,因为它统一了时间标准。(第九章将会给出如何利用年化收益率对不同备兑认购策略进行比较的例子。)

不变收益率

备兑认购策略收益率的第二种计算方法(也是更为保守的计算方法)是假设期权到期日时,标的股票价格与股票现价相等。这一计算结果常常被称为不变收益率(RU),或静态收益率。

对于一个我们例子中那样的虚值备兑认购策略,假设股价不变意味着股票的潜在收入为零。

绝对不变收益率＝(认购期权权利金收入＋股票的潜在收入)/期初股票投资金额

　　＝(2＋0)/48

　　＝4.17%

(注意:对于实值备兑认购期权,它的行权收益率与不变收益率相等,因为两种情况下认购期权都会被行权。)

年化不变收益率＝(绝对不变收益率×365)/期权持有期
　　　　　　 ＝(0.041 7×365)/60
　　　　　　 ＝25.37%

基于净借款的收益率

由于备兑认购策略开始时仅有一笔交易，或至少在同一天仅有一笔交易，你的账户会将标的股票记入借方，同时将期权权利金记入贷方。两项项目共同记入的结果能被认为是你实际投资的净借款。在上述的例子中，由于你以48美元买入了股票，以2美元卖出了认购期权，你的账户中借方将会记入4 800美元加上交易费用，贷方将会记入200美元减去交易费用。最终结果是你账户中的借方余额为4 600美元。因此，可将你的期初投资视为股票价格减去期权权利金。将期权权利金视为期初投资的减少，而不是视为你最终的一部分收益，会导致备兑认购策略收益率的计算结果变大(尽管绝对收益没发生变化)，这是因为期初投资变小了。在上述的例子中，使用这一方法计算绝对行权收益率，结果将会变成8.7%而不是8.3%，年化行权收益率也会变成52.9%而不是50.7%。对于价格较低的股票或是期权权利金较高的实值期权，这一数值的差距将会更大。除非特殊说明，本书将使用更为保守的计算方法，即期初投资基于股票价格而非借方余额。

第二部分

策略执行

第四章　构建策略
第五章　备兑认购期权策略的收益
第六章　无形的收益
第七章　策略执行
第八章　改进的策略执行
第九章　备兑认购期权策略的一些工具

　　了解了期权的基本知识与备兑认购期权策略的工作原理后，现在你应该去了解备兑认购期权是怎样成为一种可持续的投资策略的，这一策略又能为你做些什么。第二部分将会告诉你认购期权策略的发展、实际的期望收益以及执行方法。你将会看到关于备兑认购期权策略的例子、数据、小贴士、方法以及能够利用的一些工具。更重要的是，你将会对这一强有力的工具有一个新的认知，这将会改变你的投资方法。

第四章 构建策略

如果你不能从你的投资失误中有所收获,别人会这么做。

——耶尔·赫希(Yale Hirsch),《股票交易商年鉴》
(Stock Trader's Almanac)出版者

- 一种新的思维方式
- 后续行动
- 备兑认购期权策略

股票投资既可以很简单也可以很复杂,这取决于你所使用的方法。备兑认购期权策略同样如此。虽然备兑认购期权策略看起来有许多细节需要注意,但它仍有可能至简或是至繁。这就像驾驶帆船一样。几乎所有人都能够在平静的水面上驾驭一艘14英尺的小帆船,即使你没有这方面的知识与技能,你也能同样获得安全而享受的体验。如果你想开阔眼界,可以学习如何赛船、如何处理恶劣天气,或者是如何驾驶一艘更加复杂的大船。这一切都取决于你自己。但当你需要驾驭一艘40英尺的双桅帆船来进行一次为期五天的近海巡航时,不应当直接拒绝掉;你只需降低一点你感到享受的临界点就好了。这对于备兑认购期权策略来说也是一样的。通过选择买入一些不同的标的股票并卖出对应的认购期权,能制定出一系列不同风险水平、市场环境、期望目标收益的策略。这一章将讨论备兑认购期权策略的众多使用方法，以及为应对众多不同环境所做出的改变。

一种新的思维方式

如果你卖出一份你已有股票的认购期权，你就建立了一份备兑认购期权。这时，除了在你的账户中添加一个新的投资头寸外，不需要再做其他什么了。当你的想法发生改变，不断地寻找卖出备兑认购期权的机会时，或当期权的卖出成为一个可持续性的行为，并影响到你资产组合的建立与业绩表现时，你就会自己形成一个新的投资策略。

在建立备兑认购期权的过程中，你会发现它不仅改变了你股票投资的风险收益比，还改变了你的投资方式——你选择的过程、你的期望，以及你的后续行为。你的投资想法以及后续行为的改变将会促使你建立一个可持续的投资策略。而关于这些行为的讨论也随之而来，图4—1说明了这些后续行为是如何发生的。

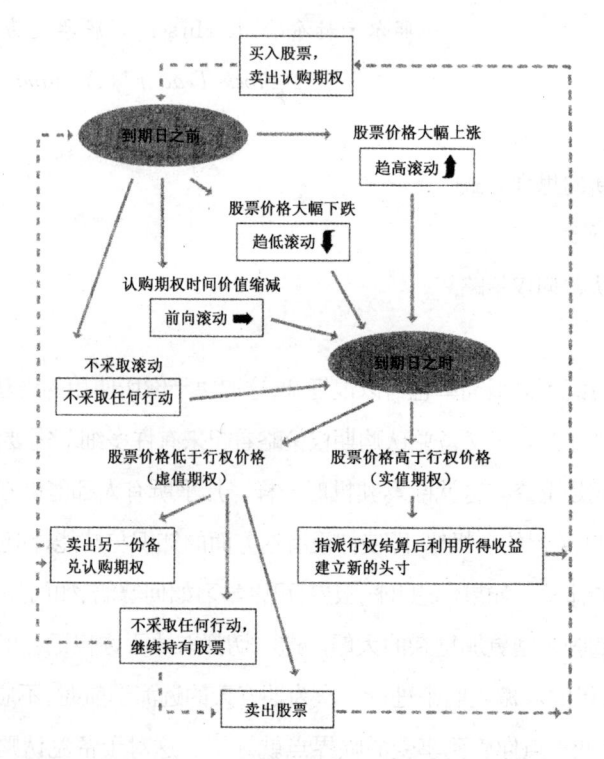

图4—1 可持续的备兑认购期权策略

后续行动

你也许会认为没必要像盯紧股票头寸那样盯紧备兑认购期权的头寸,通常来说的确如此。然而,你要记住期权是有期限的,在某个时点上你必须采取后续的行动。在到期日之前,如果股价发生剧烈的变动,或者你有理由相信股价可能会发生剧烈的变动,你都能够采取后续的行动。接下来我们会讨论这些后续行动,但在此之前先考虑一种简单的情况——在期权到期之前不采取任何行动。

简单的情况:在到期之前不采取任何行动

一旦你建立了一个备兑认购期权,就可以不采取任何的后续行动,即使是在到期日的时候。你可以完全不做任何事情——甚至都不需要惦记着它。只要你愿意,到期日之时你身处塔希提岛都没问题。如果你仅仅是单纯地持有股票,备兑认购期权不会给你带来任何额外的风险。

记住,在到期日之时,期权只会有两种结果:期满过期或被行权。如果期权被行权了,那你的股票将会被卖出,经纪人会将卖出的收益存入你的账户中。而如果认购期权期满过期,你将变成一名单纯的股票持有者。

如果你不对指派行权后的过程进行再投资,及时地卖出另一份认购期权,就没有真正地将备兑认购期权视为一个可持续的策略,并且没能真正享受到它的持续性的收益优势。如果你对于被行权指派后账户中的资金不进行再投资,也许你应该考虑其他的投资方式。

虽然期权被行权时你获得了一段时间内策略的最大收益,但认购期权期满过期对你来说也是不错的,因为这至少比同时期内单纯持有股票的其他人的收益高。此外,你还能继续卖出另一份期权来获取更多的权利金。

平仓部分或全部头寸

当你开始执行备兑认购期权策略后,将会有无数的理由在到期日之前对你的头寸进行平仓或是更改。也许一个会对股价造成影响的新闻被发表了,也许你急需用一笔钱。或者也许仅仅是在某个清晨你醒来后问你自己,"我这是在想什么呢?"调仓的理由并不是我们关心的。能够在交易中随时调整你的头寸是备兑期权策略的优点之一。对你的头寸的部分或全部进行平仓操作就是一种选择。只要你未收到认购期权的指派通知,无论何时你都能进行平仓。当然,进行平仓操作时,会产生交易费用,这些单向或双向的交易费用都会对你造成一定的损失,所以你也不会想形成这种频繁调仓的习惯。但当必须要进行平仓时,你应当知道如何去做。

假设你在 9 月份以 32 美元一股买入了 ABC 的股票,并以 3 美元卖出了一份 1 月份到期、执行价格为 35 美元的 ABC 认购期权,也就是说你的净投资是 29 美元每股(不含交易费用)。10 月的时候,股价跌到了 27 美元。你认为股价还将继续下跌,因此想要避免更大的风险,但你的认购期权还有将近 3 个月才到期,此时期权价格为 1.5 美元。如果进行平仓,你的净收入将会是 25.5 美元每股(27 美元卖出股票,1.5 美元买入认购期权)。你的这次备兑认购期权策略的损失为交易费用加上 3.5 美元(期初净投资的 29 美元减去 25.5 美元),而如果单纯地持有股票而不卖出认购期权,你的损失将会是 5 美元每股。如果你认为股价在接下来的 3 个月会变成 20 美元或是更低,那在这段时间内继续持有认购期权空头获取 1.5 美元的收益就没有意义了。对整个头寸进行平仓会是更理智的选择。

一定要记住,股票与认购期权共同组成了你的净投资,但股票承担了全部的下行风险。因此,你应该对股票的价格走势而非期权的价格走势做出评估,在必要的时候,不要羞于对期权或是整个头寸进行平仓。

另一个许多人未能采取的策略是平仓掉部分头寸。如果你有 800 股股票并卖出了 8 份认购期权,你能够仅仅对 4 份期权进行平仓。由于一些原因,许多人执着于满仓或是空仓,总是平仓掉所有的头寸而不考虑仅仅进行一些减仓。这在最初建仓时也常常发生。你不确定是否应该卖出全部 800 股的备兑认购期权?那为何不仅仅卖出 4 份,或是以较为保守的行权价格卖出 4 份而将另外 4 份以更高的价格卖出?

对备兑认购期权进行平仓时应当注意:不要仅仅对股票进行平仓而继续持有认购期权空头,即使你想要避免对期权平仓带来的损失。无论你是否被允许卖出裸期权,对备兑认购期权策略进行平仓时卖出股票、持有裸认购期权空头头寸都是不明智的。

滚动期权

也许并不需要对你的备兑认购期权进行平仓,除非发生了让你完全对股价的预测失去控制的事情。更为常见的是,对你的认购期权头寸进行滚动处理。滚动指的是平仓掉备兑认购期权策略中认购期权的空头头寸并以一个新的合适的价位卖出一份新的认购期权。可以将其视为用一份新的认购期权对你现在的空头认购期权头寸做一个替换。这能够让你在保持持有股票不动的前提下调整头寸的潜在风险与收益。

滚动这一行为包含买入(平仓掉你原有的空头头寸)与卖出(建立一个新的空头头寸)。你需要尽可能同时进行这两项操作,以最小化由于两次操作时间差内股价变动带来的风险。虽然在你完成前一半交易与后一半交易的时间内股价可能会朝着更有利于你的方向移动(给你带来更大的收益),但为何要去冒这个险呢?你的目的是要建立一个备兑认购期权策略,而非进行短期的期权交易。因此,滚动操作通常是两笔交易同步完成的,或是其中一笔交易以一个"差价"委托指令完成。(第八章将会详细讨论这种交易。)

话虽如此,但当你平仓掉认购期权空头头寸后,你也许无法同时去建立一个新的头寸。例如,你可能卖出了某只股票的认购期权,但随后你发现另一家公司可能有兴趣兼并收购你所持有的公司。相较于备兑认购期权策略所能获得的上行收益上限,你也许更倾向于平仓掉认购期权空头,观察一两周股票价格是否上涨或是有无其他新闻消息。(在此之前,记得查阅热门股票的备兑认购期权相关消息。)

滚动是一种灵活多变的策略方法,它能够让你在建仓之后对你的备兑认购期权策略的风险与收益进行管理。然而,它也是有代价的。它增加了交易成本,有时还需要额外的资金来完成。此外,它也并非总能比不进行任何操作带来更大的收益。对于任何投资决策而言,最终的成功都基于你的准确的判断。

接下来的章节我们将讨论如何进行期权的趋高滚动、趋低滚动和前向滚动,以及何时采取这些行动。接下来的例子将会贯穿其中:

以 28 美元每股买入 100 股 DEF 股票

卖出一份 2 月到期、执行价格为 30 美元、权利金为 2 美元的认购期权

到期时间=60 天

趋高滚动

假设你在12月以28美元一股买了DEF的股票,并卖出了2月到期、执行价格为30美元、权利金为2美元的DEF认购期权。继续假设现在是1月份,DEF股票的价格为32美元,且目前看起来很强势。备兑认购期权走势也十分良好,这一时点上为你带来了隐性的收益:认购期权价格为3美元,这即是说如果现在你对股票与期权头寸都进行平仓,你的交易费用前净收入将会是29美元每股。如果在2月份期权到期日的时候股票价格高于30美元,你将会从最初的备兑认购期权策略中获得最大收益。你当然可以选择什么都不做,静静地等待到期日的来临。

但你也许会认为股票价格在下个月大涨。如果你有这样的信心,可以调整你的头寸,将认购期权趋高滚动到2月到期、执行价格为35美元,以此来获取更高的上行最大可能收益。这种情形下的价格如表4—1所示。

表4—1　　　　　　　　1月份时新情形与原情形对比

原来的情形	新的情形
2个月后到期	1个月后到期
DEF股价＝28美元	DEF股价＝32美元
2月到期、执行价格35美元的DEF认购期权权利金＝0.5美元	2月到期、执行价格35美元的DEF认购期权权利金＝1美元
2月到期、执行价格30美元的DEF认购期权权利金＝2美元	2月到期、执行价格30美元的DEF认购期权权利金＝3美元
2月到期、执行价格25美元的DEF认购期权权利金＝4.25美元	2月到期、执行价格25美元的DEF认购期权权利金＝7.3美元

通过买入2月到期、执行价格30美元的认购期权对你的原有头寸进行平仓,并卖出2月到期、执行价格35美元的认购期权建立一份新的备兑认购期权,你能够将认购期权趋高滚动到2月到期、执行价格35美元。由于你支付了3美元,收到了1美元,相当于净支付了2美元,或者说每张合约200美元。这是你这次交易的净支出,它提高了你投资的期初费用。这一费用抵消了最初卖出权所获得的2美元的收入,换句话说,它抵消掉了权利金收入。基于到期时间的长短以及股票价格变化的高低,进行趋高滚动时的净支出可能会多于或少于你最初收到的权利金。(以上讨论未包含交易费用。)

为什么你要这样做呢？其原因是这样做能够增加你的上行最大可能收益，尽管这同时也会增加你的期初投资并因此增大你的风险。对于原来的头寸而言，如果到期日之时期权被行权，你将获得4美元的最大可能收益（股票卖出30美元＋期权权利金2美元－期初净投资28美元）。而对于新的头寸而言，如果到期日之时期权被行权，你的最大可能收益将会是7美元（股票卖出35美元＋期权权利金0美元－期初投资28美元）。你的盈亏平衡点会变高，而你的投资期不会发生改变。

风险与收益的比较结果如表4－2所示。

表4－2　　　　　　　　　趋高滚动时风险与收益的比较

	原来的情形	新的情形
权利金收入	2	2－3＋1＝0
股票的最大可能收益（行权价格减去期初股票价格）	30－28＝2	35－28＝7
股票与期权的总收益	4	7
盈亏平衡点股票价格（期初股票价格减去期权权利金）	26	28
投资期	2月到期	2月到期

通过比较你投资的增加与收益的增加，这么做似乎是值得的。上例中，你额外付出了200美元，却将最大可能收益提高了300美元。这意味着你投资的回报率高于100％，尽管算上交易费用后，回报率会略微有所下降。但问题是股票价格在2月到期日之时有多大的可能高于35美元呢？这就要由你自己来判断了。

粗略计算一下，你会发现原来的备兑认购期权策略在股价高于30美元时为你带来了4美元的收益，而新的策略在股价高于32美元时才会为你带来4美元的收益。因此，如果股价低于32美元，不进行滚动对你而言更好。而如果股价高于32美元，滚动将会为你带来好处。（如果利用这一速算进行操作，你也许应该额外加上半个点的交易成本。）

趋高前向滚动

许多人都想要通过趋高滚动来获取备兑认购期权策略中更高的可能收益，但他们并不想额外追加资金进行投资。这就是采用趋高前向滚动的原因。你将期权进行趋高滚动并同时前向滚动到一个更远的到期时间。通过延长时间,你卖出新的期权所获得的权利金可能比买回原来的期权所需的花费要高。换句话说,滚动可能带来净收入而不是净支出。

假设你想要将你的 DEF 认购期权趋高滚动到执行价格 35 美元,但你想要获得比 2 月到期、执行价格 35 美元的认购期权更高的权利金。那么你可以试试看卖出 3 月到期的期权。假设 3 月到期、执行价格 35 美元的认购期权的权利金是 2.25 美元。这是一个合理的滚动方案,但它仍然会花掉你 0.75 美元,或者说每张合约 75 美元。再假设 4 月到期、执行价格 35 美元的认购期权权利金为 3.5 美元。这一滚动方案就会为你带来 0.5 美元的净收入,或者说每张合约 50 美元。4 月到期、执行价格 35 美元的认购期权将会延长你的备兑认购期权策略 2 个月,在你进行评估时确保你考虑到了这一因素。趋高前向滚动与原情形的比较结果如表 4—3 所示。

表 4—3   趋高前向滚动时风险与收益的比较

	原来的情形	新的情形
权利金收入	2	2−3+3.5=2.5
股票的最大可能收益(行权价格减去期初股票价格)	30−28=2	35−28=7
股票与期权的总收益	4	9.5
盈亏平衡点股票价格(期初股票价格减去期权权利金)	26	25.5
投资期	2 月到期	4 月到期

许多备兑认购期权策略使用者都不愿意对期权头寸进行滚动,除非这样做时能立刻获得收入。这并非一条不好的行为准则。通过获取额外的权利金,能够降低你的风险。然而,如果卖出新的期权获得净收入的代价是到期时间延长了超过 5 个月到 7 个月,你也许需要三思而后行。如果你开始时并没有卖出一份投资期如此长的认购期权的打算,那你也不应该将认购期权前向滚动到那个时候。

趋低滚动

正如你期望的那样,趋低滚动是一种更为保守的后续行为。假设 DEF 股价在 1 月份并没有上涨,而下跌到了 25 美元。如果你担心接下来的一个月股价将继续下跌,你可以平仓掉你的所有头寸,接受这一损失,或是将认购期权趋低滚动到 2 月到期、执行价格 25 美元。当你将执行价格降低时,可以获得净收入,因为较低的执行价格必然有较高的权利金。(如果出于某种特殊原因,权利金并没有更高,那你将不会从中获利。)

采用趋低滚动的原因是,股票价格现在已经下跌了,你愿意放弃一部分上行的最大可能收益,来获取下行时的保护。假设 2 月到期、执行价格 25 美元的认购期权能够卖 2 美元,而 2 月到期、执行价格 30 美元的认购期权能卖 0.35 美元,你就将获得 1.65 美元的净收入,或者说每份合约约 165 美元。趋低滚动与原情形的比较结果如表 4—4 所示。

表 4—4　　　　　　　　　　趋低滚动时风险与收益的比较

	原来的情形	新的情形
权利金收入	2	2－0.35＋2＝3.65
股票的最大可能收益(行权价格减去期初股票价格)	30－28＝2	25－28＝－3
股票与期权的总收益	4	0.65
盈亏平衡点股票价格(期初股票价格减去期权权利金)	26	24.35
投资期	2 月到期	2 月到期

此时你几乎放弃了你的所有上行可能收益,但你降低了你的盈亏平衡点。在上述的情形中,你同样能够将期权趋低前向滚动到 3 月到期、执行价格 25 美元甚至 4 月到期、执行价格 25 美元,来获取多一些的权利金。然而,趋低前向滚动仍然是防御性的:它降低了股价上涨时的最大可能收益,并且仍然含有下行风险。事实上,趋低滚动的一个风险是你可能锁定了股票的损失,比如说在上例中,新的行权价格低于你最初购买股票的价格,而你仍然被指派行权。如果你的股票处在这样一个下降通道中,你最好平仓掉原来的备兑认购期权,或是仅仅将期权趋低滚动到原有的到期日,并密切关注短期内股票的走势。

前向滚动

前向滚动只是针对时间所做出的移动与改变。你会采取这种做法的最常见的情况是,你卖出的期权快到期了,而股票价格十分接近于行权价格,无论是略高于还是略低于行权价格。假设现在是 2 月期权到期前的周五早晨(最后一个交易日),此时 DEF 的股价是 29.95 美元。2 月到期、执行价格 30 美元的认购期权在这时也许卖 0.15 美元。如果股票收盘价低于 30 美元,期权行权将毫无意义,你可以在周一的时候继续卖出一份 3 月到期或 4 月到期、执行价格 30 美元的认购期权。但如果股票收盘价为 30.25 美元,你也许会收到指派通知,你的股票将会被卖出。在周一的时候,你就只能再次买入股票进行建仓。

此时,如果你准备将 DEF 从你的资产组合中移出,希望它能够被行权卖出。那么在这种情况下,你不必采取任何行动。但如果你希望继续持有 DEF 股票并计划无论怎样都要卖出另一份 DEF 的认购期权,那你可以将期权前向滚动到 3 月,并且不用去担心股票收盘价高于还是低于 30 美元,也不用去担心它在周一的开盘价变高或者变低。假设你计划无论如何都卖出一份 3 月到期的认购期权,你的额外支出便是平仓掉 2 月到期、执行价格 30 美元的认购期权所需的 15 美元(每张合约)和相应的交易费用。当以相同的价格进行前向滚动时,你收取的金额会比你支付的多,因为到期时间更远的期权必然有更高的时间价值。因此,你将获得一笔收入(即净收入的滚动),但你仍然不能忽视购买期权时的支出,因为这将减少你卖出新的认购期权的收入。购买认购期权所花费的 15 美元看起来并不算多,但如果你在一年之中这样做的次数足够多,这也会是一笔不小的支出。

如果股票价格略微高于行权价格,例如说在到期日之前好几天内为 30.25 美元,你所采用的方法也是类似的。如果无论股价如何你都计划继续持有股票并卖出一个 3 月到期、执行价格 30 美元的认购期权,你就可以将期权前向滚动到下一个月,而不仅仅是等待期权到期。

- 滚动:在备兑认购期权策略中,平仓掉原有的认购期权空头头寸,并就同一标的股票卖出一份新的备兑认购期权的过程。
- 趋高滚动:相较于原有的认购期权,新的认购期权执行价格更高。
- 趋低滚动:相较于原有的认购期权,新的认购期权执行价格更低。
- 前向滚动:相较于原有的认购期权,新的认购期权到期时间更远。
- 差价委托指令:以某一特定的"净"价对同一股票的同种期权的买入与卖出的一种委托指令。当下达这样的一个委托指令后,你的经纪公司将保证在你的净价能够达到时,买入与卖出双方指令被同时执行。否则就不进行任何操作。备兑认购期权策略使用者常常使用差价委托指令来对其期权进行滚动。

- 净价:基于两个期权,或是股票与期权之间的买入与卖出两个交易同时进行时的净价格差。
  - ——(净收入)如果卖出方价格更高,其结果是净收入。
  - ——(净支出)如果买入方价格更高,其结果是净支出。

其他的一些问题

到目前为止,滚动方面的讨论都假设你的头寸是完全备兑的,你的滚动策略也是对相似的头寸大小进行的,你新卖出的认购期权的数量与你之前的空头头寸相等。这会是最为常见的情况,但只要你愿意就能够滚动更少或更多头寸的期权合约(尽管如果你卖出比股票头寸更多的期权合约,超出的部分将会是裸的而非备兑的)。假设你有 1 000 股股票并卖出了 10 份备兑认购期权,而此时你想要将它们进行滚动。无论是趋高滚动、趋低滚动还是前向滚动,你可能只想要卖出 7 份认购期权,尤其是当你仍然能够从中获得净收入。类似的,如果开始时你没有完全进行备兑——你仅仅卖出了 5 份认购期权,而你有 1 000 股股票,你此时能够将 5 份期权滚动成 7 份或甚至 10 份来弥补你的支出。后一种策略叫作部分备兑认购期权策略,这将会在第八章进行深入的讨论。

当明智而审慎地使用备兑认购期权策略时,滚动为其增添了巨大的灵活性,但太过于使用它也可能会有一定的风险。如果你持续地进行滚动,你也许需要重新审核最初的备兑认购期权策略中的各项参数。例如,有人以 29.50 美元买入了股票并卖出了执行价格 30 美元的认购期权;接着股价很快超过了 30 美元,他们立刻就进行了滚动。这一做法可能会降低滚动策略所带来的好处,因为它增加了许多不必要的交易费用。

备兑认购期权策略

灵活性毫无疑问是备兑认购期权策略的一个特征。如果你持有股票而不卖出期权,那么它对你而言就是非黑即白的关系——要么持有股票,要么卖掉它们。备兑认购期权策略则扩大了你后续行动的可能性,包括一系列在数量上与时间上对冲掉股票风险的方法。它同样让你对你的风险收益比进行调整,只要股票价格或市场条件允许。这一灵活性在对时间的调节上更加显著,因为一旦你原有的期权到期了,就可以卖出一份新的期权,或是在到期日之前将你的期权头寸进行趋高、趋低及前向滚动。通过这一方法,你能够放弃股票价格上行的可能收益而换取固定的权利金,并对其进行量化控制,你还能够通过每一次新的认购期权的卖出调节风险与收益的量。从这个角度讲,备兑认购期权策略使用者能够利用期权来推动标的股票头寸收益。

由于其巨大的灵活性,基于不同的投资目标,备兑认购期权策略能够通过不同的方式被使用。这一节将讨论如下的问题:(1)在原有的股票头寸上增加备兑认购期权;(2)部分对冲,或者说降低了特定股票头寸的下行风险;(3)降低一个无法充分分散化的小型资产组合的风险;(4)以更低的风险与波动性投入到"热门"股票中;(5)退出一个长期持有的股票;(6)延期资本利得税。

然而,将持续性的备兑认购期权策略作为主要的投资策略并以此来获得足够有吸引力的总回报才是关键,我们可以通过建立一个独特的投资组合来实现。这就是总回报方法,或者说买入—卖出方法。

总回报或"买入—卖出"方法

备兑认购期权策略在实际中常常被称作"买入—卖出"。当你选股的方法从看股票的长期收益变为看是否能够卖出对应的认购期权时,就从一个选股者变成了一个备兑认购期权策略使用者。当你同时使用认购期权权利金与股价变动两项收益为基准建立构造你的资产组合时,就使用了备兑认购期权策略的总收益或买入—卖出方法。这仅仅是通过股票与认购期权的组合来寻找增长机会的一种简单的方法,这一方法意味着你将备兑认购期权策略作为你的主要的持续投资策略。

当你使用备兑认购期权策略作为一项持续性的策略时,你就以一部分或全部股票带来的不确定性的上行可能收益为代价,换取了一些期权带来的可立刻获得的、确定性的现金收入。通过这一方式,你能够提前获取一定时期内股票的潜在收益。如果你卖出一份实值认购期权,你实际上提前获取了股票在那段时期内的潜在收益。这样做后,你的收益将来源于期权权利金的时间价值,而非股票本身。通过使用不同月份到期的平值认购期权或虚值认购期权,你能在期权权利金与股票潜在收益之间相互平衡,并调整到你认为合适的位置。

在总回报方法中,你基于备兑认购期权策略整体的吸引性来选择股票与认购期权。这不同于基于股票长期的基本面(它们基本的财务数据与业务发展前景)来进行选股。作为一个备兑认购期权策略使用者,你同样期待漂亮的基本面,但根据不同的价格与时间目标,你或许能够降低一些基本面的要求,因为股票价格在认购期权到期日之前有很大的可能高于行权价格。此外,相比于股票价格与认购期权的理论价值,认购期权权利金对你而言更具吸引力。(后面我们将讨论如何看待这一问题。)

买入—卖出策略能够通过两种方式来寻找潜在的投资机会:(1)先确定他们感兴趣的股票,再去看这些股票对应的期权是否能够交易;(2)先浏览所有能够获取到的认购期权,再在其中寻找他们感兴趣的股票。由于只有一小部分股票有对应的期权,因此后一种方法更为有效,且一些软件与网络服务能够帮助我们利用这一方法完成这一过程。(第九章将给出一些这一方法可利用的资源。)

作为一个买入—卖出策略的使用者,一旦你熟悉了哪些股票有对应的期权可供交易,机会就会一波又一波地向你涌来,只要你的资金允许你抓住这些机会。例如,如果你对苹果公司的基本面感到满意,并利用你手头的苹果公司的股票建立了一个下个月到期或两个月后到期的备兑认购期权,就会在接下来的这段时间内发现许多苹果公司的投资机会。实际上,当股票价格和期权权利金有足够的吸引力时,通过复制再次建立一个同样股票的头寸是很普遍的。

使用备兑认购期权的总回报方法的投资者可以是十分保守的,也可以是十分激进的。保守的投资者会选择那些波动较小的股票,并卖出到期时间较远的平值认购期权。激进的投资者会选择那些波动较大的股票,并卖出到期时间较近的虚值认购期权。当然,你也能够同时卖出上述两种风险水平的期权,并随时调整你的风险水平。

额外回报方法

也许最为常见的备兑认购期权策略就是卖出你的资产组合中已有的股票的认购期权,以此来获得额外的收入或者是一定的保护。这也是最为简单的一种方式,由于你已经拥有了股票,你仅仅需要寻找到并卖出合适的认购期权就行了。在股票价格下行时,你就在同样的风险水平上获得了更多的收入。但是,就像所有的备兑认购期权策略一样,它也损失了上行时的一些机会,这常常会被人们所忽略掉。通常来说,使用这一策略时会选择卖出虚值认购期权,这能够留出

备兑认购的新洞见

一些股价上涨的空间,使期权卖出者不必总是担心被指派行权,并选择卖出一系列不同到期时间的认购期权。

以下是利用额外回报备兑认购期权策略的一些详情与示例:

- **增加收入**:你以 28 美元的价格买入了一只股票,这只股票在过去的 18 个月里价格在 20～40 美元之间。现在,这个股票的价格为 30 美元。你决定如果股票价格上涨到 35 美元,你就将其卖出,锁定 25% 的收益。一旦你有了这样的想法,就相当于变成了一个备兑认购期权策略的使用者。

——优势:你可以选择卖出一个 3 个月后到期、执行价格为 35 美元的认购期权,并获得每股 1 美元的权利金(不含交易费用)。由于你决定当股价上涨到 35 美元时卖出,那对你而言认购期权的收入也是一样的。此外,如果股价在这段时间内没有上涨到 35 美元,那至少你会离你的目标近 1 美元。

——劣势:如果股票价格在 1 个月内而非 3 个月后就涨到了 35 美元,你将面临一个两难的选择。认购期权的价格可能比你卖出时要高。因此,如果你卖出股票买入认购期权进行平仓,可能会因为期权而遭受一些损失。你也可以什么都不做继续等待,但在到期日之时股票价格可能又会跌到 35 美元以下。如果发生了这种情况,你将获得权利金,并可以卖出另一份认购期权,但你可能错过 35 美元卖出股票的机会。

- **建立一个目标价位**:你的股票的价格在一定的箱体范围内震荡,而此时它接近于箱体上沿。除了在股价较高时卖出,并寄希望于它下跌到箱体下沿时接回股票,你也可以选择卖出一份行权价格比股票现价高的认购期权,并收取权利金。比如说在前例中,股票价格在 20～40 美元之间波动,而此时的股价为 38 美元。那么你就可以选择卖出一份行权价格为 40 美元的认购期权。如果股票价格下跌了,那么你至少保住了权利金收入。如果股票价格突破上沿超过 40 美元了,你可以等待被指派行权,或是将期权以更高的行权价格趋高前向滚动。

——优势:如果你无法看清股票的后续走势会如何,卖出一份行权价格为震荡箱体上沿的认购期权会给你带来额外的收入,而且只有当股票价格高于行权价时股票才会被卖出——在上例中即 40 美元。如果你被指派行权了,你将以现在震荡区间的箱体上沿价格卖出股票,并可以利用这笔收入继续进行投资。

——劣势:如果股价高于 40 美元,比如说上涨到了 45 美元,你将无法分享到那部分收益。虽然在这种情况下你能够将期权趋高前向滚动,但这样做会使你的费用增加。

● **降低波动性**:你持有一系列股票,这时卖出对应的认购期权将能够通过为你带来一些收入来降低你的资产组合的波动性。或是你认为由于宏观的一些经济条件,市场在一段时间内将会保持相对平稳。

——优势:你能够对你想卖出期权的股票进行挑选,并能够容易地改变投资期。(另一个选择是直接对整个资产组合卖出指数期权进行对冲,但这会需要很高的保证金。)你同样能对你持有的股票挑选出一些期权进行卖出。卖出一些期权减少了你的上行可能收益,但如果股票价格上涨,通过将期权趋高滚动获得净收入,你也可以获得一定的灵活性。

——劣势:如果你的资产组合开始上涨了,你可能会被指派行权,这使你不得不再次制定投资决策,并面对随之而来的一些税收。

● **从长期投资中获得现时收益**:长期来看,你看好并持有一只股票,但你认为它在接下来的几个月内将表现平平。例如,你可能购买了一个进行新药或新技术研发公司的股票,你不期望它在未来的几个月甚至几年里能够产生收益。在等待公司长期发展的时间里,你可以卖出认购期权。

——优势:在这段等待的时间里你能够获得现时收益。

——劣势:你卖出了认购期权,但由于公司的一个公告,股价在几天内可能巨幅上涨。这时你可能会由于认购期权限制了上行收益而感到遗憾。虽然你能够将期权趋高或前向滚动,但一个新的公司公告可能会使上述过程重现。然而你应当注意到,这仍然会给你带来一定的净收益,即使由于卖出认购期权放弃了一些上行收益。

● **弥补损失**:你的一只股票价格急剧下跌,你想要迅速地收回部分损失。因此,你卖出了一份该股的虚值认购期权。

——优势:如果股票价格不大可能出现短期内的反弹而更有可能继续下跌,卖出认购期权能够帮你收回部分损失。当股票价格急剧下跌时,意味着波动率增大,此时认购期权的权利金相对于股价也会变高,因此对于备兑认购期权策略使用者而言此时更具吸引力。

——劣势:卖出认购期权限制了期权存续期限内股价复苏时的可能收益。如果股价迅速反弹,对你而言单纯的持有股票会更好。

尽管额外回报备兑认购期权策略十分容易被实施,但该方法仍然存在自身的问题,这将会破灭那些想要尝试的使用者的美好幻想。理解这一问题的关键在于卖出已有股票的认购期权的额外收入似乎会被视为"免费的"收入。每三个月卖出一份股票的虚值认购期权,这就相当于每季度收到了股票的股利(或相当于扩大了已有的股票头寸)。现在,你拥有一个想要长期持有的股票投资组合,而你每年的收入都会有些许的增加。这种美好的情形背后暗藏着怎样的问题呢?

上述情形的问题在于错误地将期权收入视为"免费的"收入。从逻辑上来说,你获取这一收益的代价是损失了上行的潜在可能收益。在某一时点上,某只或某些股票的价格在到期日之时或之前可能会超过期权的行权价格。这时股票持有者不得不在认购期权被指派行权之前买入认购期权进行平仓(这或许会带来损失),或是以行权价卖出股票,又或者是对期权进行滚动。期权上的损失或股票上的机会成本损失会轻易地抵消掉先前数月备兑认购期权策略带来的额外收入。此外如果存在资本利得,指派行权可能还会带来计划外的额外赋税。因此,额外回报的方法只适用于你确定想要在所卖出的认购期权的执行价格上卖出股票时,或是想要通过期权避免更大的损失时。

在20世纪80年代,一些共同基金就暗藏了这样的免费收入的诱惑。这些基金经理构造了一些绩效优良的股票(例如公共事业)的资产组合,这些组合带来了高股利,而同时基金经理又卖出了对应的认购期权来进一步提高收益。这种"期权收益型"基金被视为债券型与股票型基金的混合物,它被推荐给那些想要获取一定固定收益,又想要获得些许额外增长机会的保守型投资者。

大部分这类基金最后都倒闭了——这并不是因为它们发生了亏损,而是由于股价上行增长时,它们没法兑现承诺的收益率。基金的确产生了收益,但增长速度远远滞后于同期市场。基金在执行方面同样存在问题。基金经理试图卖出行权价格高出股票现价许多的虚值期权,这样它们就能留出足够的上行空间,然而这样做仅仅能获得很少的权利金,他们仍然需要提高它们的收益率。但高股利股票(通常来说,是那些公共事业相关股)的波动率较小,因此它们的期权权利金相对较低,且很少有行权价格高出股票现价较多的认购期权可供交易。因此这类基金由于上行收益受限,失去了巨大的上行增值机会。

但这也并不是说针对已有的资产组合进行额外回报备兑认购期权策略是无效的。它仍然是十分有效的。当需要对期望收益进行管理时,这一策略依旧十分重要。

对冲个股风险

当你卖出一个认购期权对冲股票头寸时,你通过获取权利金降低了股票头寸的下行风险。如果你卖出一个虚值认购期权,你的收入相对来说只是一小笔钱——可能这只占你的资产组合市值的一两个点。这可能代表了一笔适当的额外收入,但这还不足以为例如10%或20%这样的股价下跌提供保护。如果你担心这样的下行风险,或仅仅是想要保住股票的一些收入,能够通过卖出认购期权达成这一目的。但相较于卖出虚值认购期权,卖出平值或实值认购期权对你来说会是更好的选择。

假设你持有微软的股票,并且你不打算卖掉它们,但你害怕股价在接下来的几个月内下跌,因此你想要尽可能地对冲掉这部分下跌的风险。一种方法是买入认沽期权,这将允许你在某一特定价位卖出股票。这一策略将会保留你的上行收益并给予你完全的下行风险保护,但它会产生购买认沽期权的费用。另一个对冲风险的方法是卖出备兑认购期权。如果你这样做,你获得的保护仅仅是权利金的收入,但这一策略会让你收到权利金,而不像购买认沽期权那样需要支付权利金。

示例:

微软股票=58美元

现在是2月份

3月到期、执行价格55美元的微软认购期权=4.20美元

4月到期、执行价格55美元的微软认购期权=5.60美元

4月到期、执行价格60美元的微软认购期权=2.60美元

7月到期、执行价格60美元的微软认购期权=4.70美元

上述的任何一份认购期权都能够在不同程度上对冲掉微软股票在接下来的几个月时间内的下跌风险。你选择哪一份认购期权进行对冲取决于你想要对冲的风险大小以及时间。例如,3月到期、执行价格55美元的认购期权,将会对冲掉股价下跌到53.80美元(股票现价减去权利金)时的损失。而4月到期的认购期权仅仅多提供了权利金25%的保护。这也许并不值得你去多限定一个月的上行最大可能收益。如果你仅仅想要些微的保护,并留出上行收益的空间,你可

以选择卖出3月到期或4月到期、执行价格为60美元的认购期权。如果你担心股价剧烈下跌的可能性，并且愿意完全放弃下个月股价上涨的收益来获取保护，你可以选择卖出一份实值认购期权，例如3月到期、执行价格为50美元或45美元的认购期权。

降低小型资产组合的风险

在专业的资产组合管理中，最为常见的降低总风险的方法是分散化。事实上，除此之外唯一的方法（不包括利用衍生品进行对冲）就是在资产组合中持有一部分现金，但这与持有股票资产组合最主要的目的相冲突。通过分散化有效地降低风险常常意味着你至少需要有20到30只不同的股票（共同基金常常会持有100只以上的股票）。一个只有15万美元——甚至只有5万美元——的个人投资者要如何才能做到这样的有效的分散化呢？他们无法做到，结论就是这么简单。

对于这样的小型资产组合，包括那些稍微大一点的资产组合，备兑认购期权策略能够替代分散化，有效地降低总的风险。此外，获取的权利金能够进行再投资继续购买股票。这一策略使得投资者的资产组合更加多元化，并通过期权权利金获得收入。

热门"股票的备兑认购期权策略

如果你喜欢"追踪热点"进行热门股票（活跃性高的股票）的投资，你可能经历过一些大起大落。通常来说，选择那些有对应期权的股票，能让你以更低的风险参与其中。

有很多原因会导致一个股票变成热门——兼并与收购、潜在的大笔订单、投机收益、股票拆分、新产品发布，或是各种类型的小道消息。如果你参与到这种类型的投资中，会发现只有一部分能让你赚钱，大部分都未能给你带来收益。无论这些公司最后结果如何，它们中绝大部分的股票价格走势都会与过山车无异。通常来说，股票价格一个方向上的实质性变动都能够被加以利用进行投机。如果你认为股价会上涨，那就值得考虑使用备兑认购期权策略。也许你并不会像单纯持有股票那样获得全部的上行可能收益，但你能够以低得多的风险获取同样可观的可能收益，而且你会有很大的可能性获得比股票持有者更高的收益。

当连续数月股价都没有发生大幅变动时,你的那些只购买了股票的朋友将会感到焦虑与煎熬,但你却可以享受期权权利金带来的收入。

考虑 InterMune 公司(ITMN)的案例。该公司是一家研发生产肺部相关疾病、传染性疾病及癌症药物的公司。它的股票历史最高价为 52 美元,在 2002 年 7 月时掉落至 16 美元,在接下来的几周又回升至 20 美元。8 月上旬的时候,其认购期权的交易量与权利金开始急剧上升。小道消息称,该公司将会在劳动节之前(译者注:美国劳动节为 9 月的第一个星期一)宣布一种新型药品的临床试验结果。临床试验的成功与否将会对该公司造成重大影响,其股价也可能因为临床结果而冲上云霄或一蹶不振。

在该股股价位于 20~21 美元之间时,我们发现了这一股票,并发现其 9 月到期的认购期权的期权权利金使得备兑认购期权十分具有吸引力。我们以 20.80 美元每股买入了股票,与此同时,我们以几乎闻所未闻的高价 4.00 美元卖出了 9 月到期、执行价格 22.5 美元的认购期权(到期时间只有 1 个月)。构造这一备兑认购期权的净支出为 16.80 美元,即使股票价格下跌 10%~15%,我们仍然可以从中获利。在接下来的两个星期内,股票价格在 18~22 美元之间波动。之后,在 8 月 28 日,公司公告如期而至。公告带来了好消息,但并不像一些人先前期待的那样重磅。股票价格在那天以 22.66 美元收盘,9 月到期、执行价格 22.5 美元的认购期权价格为 2.25 美元。如果以上述价格进行平仓,在这段时期内使用备兑认购期权策略与单纯购买股票的收益比较如表 4-5 所示(不包含交易费用)。

表 4-5 　　对 ITMN 公司使用备兑认购期权策略与购买股票的比较

	购买股票	使用备兑认购期权策略 (卖出 9 月到期、执行价格 22.5 美元的认购期权)
成本	20.80 美元	20.80 美元
收益	1.86 美元	1.86 美元(股票)+1.75 美元(认购期权)=3.61 美元(总)
净收益率	8.9%	17.4%

顺带一提,以 4.00 美元购买了 9 月到期、执行价格 22.5 美元认购期权的投资者如果选择在公告发布的那天进行平仓,他们的投资损失大约有一半那么多。

递延税收策略

备兑认购期权策略并不能回避掉缴税的责任,但它能够帮助你将税收进行递延。假设你持有了一只股票许多年,该股票存在巨大的资本利得。你想要将其卖出,但现在已经是年末,你想将资本利得税递延到下一年。但你又害怕股票价格在这段时间内下跌。卖出一份到期日在明年的实值认购期权将会在今年的剩余时间内为你提供下行保护。然而,你也不应该卖出执行价格过低的实值认购期权,因为你并不想冒期权被提前指派行权的风险,这将完全打乱你的计划。

记住,除非你的持有期超过了其要求的一定年限,否则税收政策将不允许你采用上述策略。如果你的股票持有期还相对较短,实值认购期权的卖出将会减少你的持有期,直到认购期权被平仓掉才重新开始计算持有期。然而,卖出虚值认购期权将不会受到这一限制,尽管它可能无法给你带来太多的下行保护。(第七章将会解释期权相关税收政策。)

第五章　备兑认购期权策略的收益

第一条原则是不要发生亏损。第二条原则是不要忘记第一条原则。

——沃伦·巴菲特（Warren Buffett）

- 备兑认购期权策略的基本原理
- 切合实际的期望
- 备兑认购期权策略与股票的回报
- 备兑认购期权策略回报的主要影响因素
- 备兑认购期权与股票的长期比较
- 收益总结

美国与股票投资之间的爱情故事可谓牢牢扎根于人们心中。虽然股票存在一些缺点、不确定性与风险，但它仍然是一个能提供高效流动性与较高收益的投资方式。其他的一些主要投资工具——政府债券、房地产、银行理财产品、大宗商品、公司债券、贵金属、收藏品等——提供了多样化的选择机会，但就长期成长性而言，人们还是偏爱于股票。主流的股票投资方法是买入一系列足够分散化的价值型股票，并长期持有。这听起来很美好，但你很难去界定哪些股票是"价值型"股票，多长的投资期又能被称作"长期"。相比于这种买入—持有的股票投资方式,备兑认购期权策略拥有巨大的优势。一些优势是具体的、可被量化的。另外一些优势是无形的,它们无法被量化,但长期来看对投资者而言同样重要。第六章将阐述那些无形的收益。本章主要着重于最容易被量化的收益:回报率。

备兑认购期权策略的基本原理

如果不考虑交易佣金,期权实际上是一个零和游戏。理论上来说,如果认购期权被正确地定价,长期来看,或对于大量的股票样本来看,购买者的期望收益将会是零。在上述情况下,对于备兑认购期权策略使用者而言,期权卖方长期的收益也应当为零,换句话说,其收益应当与购入—持有股票的投资者的收益相同(除了交易费用与税收上的不同)。但是,仍旧仅仅是从理论上来说,如果能够构造一个股票与实际上被高估的备兑认购期权的资产组合,备兑认购期权策略使用者能够期望获得比直接构造相同标的买入—持有的单纯股票资产组合同期更高的回报。在本章的晚些时候,我们将给出大量的近期研究数据,这些数据都为这一理论提供了强有力的支撑。

虽然这一理论为策略的长期应用提供了学术价值,但它对于投资者如何在他或她的个人投资组合中构造使用备兑认购期权策略并没有太大帮助。当然,在实际中,无论个人资产组合的规模如何,大量的变量与变量的波动都会对策略执行的结果产生巨大影响。接下来的讨论旨在为个人投资者与专业基金经理提供一些关于这些变量的看法,并帮助他们认清备兑认购期权策略所能带来的切合实际的期望收益。

切合实际的期望

无论是对个人投资者还是专业机构,实际收益是否达到预期比实际收益本身的多少更加重要。这与期望值是被科学地描述还是对策略回报的粗略估计无关。无论它一开始是否是切合实际的,它都依然具有重大意义。不幸的是,你无法从经纪商手上获得关于备兑认购期权可能收益的资料。行业内常用的表述如下:

> 通常来说,备兑认购期权策略在熊市、震荡期甚至些许上涨的行情中能够提

供比市场平均水平更高的回报。而在大牛市中,备兑认购期权策略的回报将低于市场平均水平。当然,你要知道,你操作的实际结果将在此基础上取决于你分散化的程度以及你执行策略的方式。

本章的内容会尽力去对不同情形中的期望收益进行更好的量化处理。然而,由于有太多的相关变量以及太多的执行策略时的方法,建立切合实际的期望收益的模型也是十分具有挑战性的。接下来的内容,将会告诉你哪些因素决定并影响着收益,因此基于你执行策略的方法,应当合理地看待你的期望收益。

备兑认购期权策略与股票的回报

由于备兑认购期权策略是一个与股票相关的策略,因此了解单独持有标的股票的期望收益,以及在现有的股票市场环境中策略的多期期望收益,是十分必要的。第三章进行了使用备兑认购期权策略以及在相同时期内持有股票的风险与收益的比较。图3-2显示了如果股票价格在期权到期日之时下跌,甚至是保持不变,权利金的收入都会使备兑认购期权比单纯持有股票表现得更好(只要你卖出期权时期权拥有时间价值)。如果在这段时间内股票价格大幅上涨,则备兑认购期权表现较差。但临界点是什么价格?大幅上涨的幅度又是多大?

为了更好地进行定量处理,你可以先找出备兑认购期权策略与单独持有股票两者收益相同的临界价格。期权到期日之时,如果股票价格高于这一临界价格,则单独持有股票收益更高,如果股票价格低于这一临界价格,则备兑认购期权策略收益更高。图5-1阐明了这一点,其使用的数据及备兑认购期权策略与图3-2相同。表5-1定量描述了在期权到期日之时,股票价格从比现在低10个点到比现在高10个点的不同情况下,两种策略回报率的比较。

备兑认购的新洞见

以48美元每股买入XYZ股票
卖出11月到期、执行价格50美元、权利金2美元的XYZ认购期权

理论上来说,股票收益率可以比备兑认购期权策略高出无限

由于认购期权的时间价值,备兑认购期权策略回报率将比股票高出4.2%

股票与备兑认购期权策略的临界价格

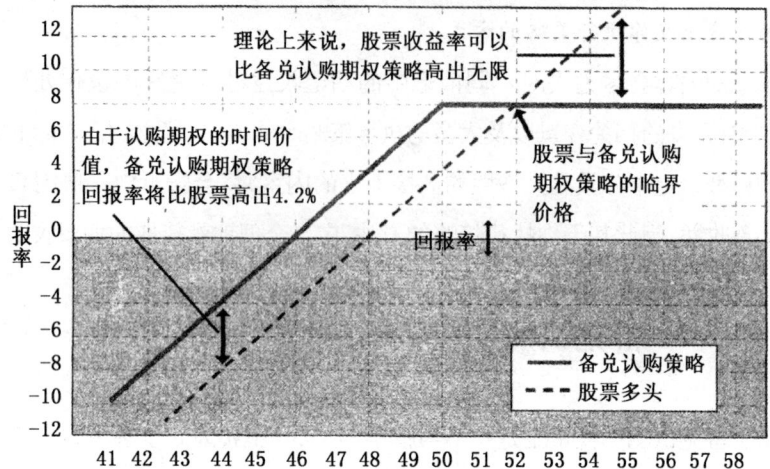

—— 备兑认购策略
---- 股票多头

到期日股票价格

图5－1　备兑认购期权策略与股票多头回报率的比较

表5－1　股票与备兑认购期权策略的不同回报率的比较
（利用图5－1中的例子的数据）

股票价格	股票回报率	备兑认购期权策略回报率	股票价格	股票回报率	备兑认购期权策略回报率
38	−20.8%	−16.7%	49	+2.1%	+6.3%
39	−18.8%	−14.6%	50	+4.2%	+8.3%
40	−16.7%	−12.5%	51	+6.3%	+8.3%
41	−14.6%	−10.4%	**52**	**+8.3%**	**+8.3%**
42	−12.5%	−8.3%	53	+10.4%	+8.3%
43	−10.4%	−6.3%	54	+12.5%	+8.3%
44	−8.3%	−4.2%	55	+14.6%	+8.3%
45	−6.3%	−2.1%	56	+16.7%	+8.3%
46	−4.2%	0	57	+18.8%	+8.3%
47	−2.1%	+2.1%	58	+20.8%	+8.3%
48	**0**	**+4.2%**			

不变收益率

临界价格

第五章
备兑认购期权策略的收益

注意到备兑认购期权策略回报率最多比股票的回报率高出 4.2%。这一数字从何而来？这正是第三章中提到的不变回报率，或者说是期权的时间价值带来的额外回报。备兑认购期权策略回报率比单独持有标的股票的回报率高出来的这部分回报，大部分来源于期权的时间价值。当你卖出一份虚值认购期权时，获取的权利金就完全是期权的时间价值。因此，如果想要迅速地计算出备兑认购期权策略比单独持有标的股票收益率高出多少，你只需要将期权的时间价值除以股票价格即可。

在临界价格之上，理论上说股票收益率可以比备兑认购期权策略高出无限。例如，在此例中当股票价格为 58 美元时，股票在这段时期的回报率为 20.8%，而备兑认购期权策略仅仅为 8.3%。

上述讨论说明了前文中提到的关于不同情况下备兑认购期权策略回报的一个表述："备兑认购期权策略在熊市、震荡期甚至些许上涨的行情中能够提供比市场平均水平更高的回报。"这即是说，在股票价格上涨到临界价格之前，备兑认购期权策略都表现更好。"在大牛市中，备兑认购期权策略的回报将低于市场平均水平"——当股票价格高于临界价格时，单独持有股票会因股票价格上涨而表现得更优秀。备兑认购期权策略比单独持有标的股票要好多少取决于你卖出期权时期权时间价值的多少，而备兑期权将在多少价格时表现逊于股票取决于你卖出的期权的行权价格。如果你卖出期权时的策略完全一致——例如，你总是卖出 60 天后到期，执行价格略微高于股票现价的虚值认购期权，那你将会对你最初头寸的临界价格有一个很好的了解，并能据此大致地计算出不同情况下你的潜在回报。

对一个给定股票价格的备兑认购期权策略的回报进行描述是十分容易的。困难的是对股票价格自身的描述。你可以利用技术分析(价格表)对股票在短期内的合理价格区间进行预测，或是仅仅根据你的判断进行预测。更好的办法是，给出股票一系列可能的价格。这即是说，利用股票的历史波动率数据，计算出股价到达行权价格的可能性大小(第九章将给出网上可供使用进行上述计算的免费计算器)。例如在上例中 XYZ 股票价格的历史波动率为 40%。假设认购期权 50 天后到期，这意味着从统计学上来说，XYZ 股票价格高于行权价格的可能性是 39%，高于盈亏平衡点价格的可能性是 61%。

备兑认购期权策略回报的主要影响因素

备兑认购期权策略的回报取决于你如何使用策略——你选择的股票、期权的执行价格与到期时间——以及一些其他的外部因素,例如利率与交易成本。

股票选择

当对备兑认购期权资产组合进行股票挑选的时候,你会发现挑选的标准与单纯购买股票时的挑选标准不一致。如果你不断对选股能力进行磨炼并相应地微调选股标准,你的回报率很可能会有所提高。资产组合的分散化同样重要:越分散,你的回报率与总体市场的相关度会越高;越集中,股票挑选的影响越大。

你执行策略的一致性也会对你的回报产生实质影响。如果你不多次卖出认购期权,或者当被行权指派后不使用所得资金进行再投资,就无法获得像你所期望的那样与持有标的股票或你的总体目标足够接近的回报。这并不意味着你一定会做得更糟。但这意味着结果不会像你原先所期望的那么好。

行权价格

时间价值最大化的期权的行权价格常常与股票现价十分接近。因此,行权价格与股票现价的价差越大,其静态回报率(不变回报率)越低。表5—2利用美林公司(MER)的认购期权说明了这一点,其中的价格基于2002年9月到期、还剩2个月存续期的认购期权。

然而你需要记住,当你决定卖出的期权的行权价格时,这并不是你需要考虑的唯一因素。更低的行权价格会提供更好的下行保护,而更高的行权价格会提供更大的可能收益。但你仍然需要知道行权价格会影响你的静态收益率。

第五章 备兑认购期权策略的收益

表5—2 不同行权价格的回报率(利用2002年9月到期的美林公司认购期权价格数据,此时美林公司的股票价格为34.20美元,距离到期日还有58天)

执行价格	权利金（买价）	时间价值	时间价值带来的回报率（不变回报率）
20	14.20	0	0%
22.5	11.90	0.20	0.6%
25	9.70	0.50	1.5%
27.5	7.70	1.00	2.9%
30	5.90	1.70	5.0%
32.5	4.30	2.60	7.6%
35	**3.00**	**3.00**	**8.8%**
37.5	1.90	1.90	5.6%
40	1.15	1.15	3.4%
42.5	0.60	0.60	1.8%
45	0.30	0.30	0.9%
47.5	0.10	0.10	0.3%

当期权行权价格与股票现价价差变大时,静态回报率下降

数据来源:PowerOptionsPlus。

从表5—2中能看出,卖出9月到期、执行价格35美元的认购期权与9月到期、执行价格40美元的认购期权的静态回报率会有5.4%的差距。记住这只是两个月的回报率。将其年化后,接近于平值的认购期权与行权价格较高的认购期权的回报率差距会高达30%以上。当然,这只是静态的收益率,它忽略了股票的走势,但它也提醒了你当你为了留出股票上涨的收益空间而卖出执行价格较高的认购期权时,放弃了多少期权权利金的回报。行权价格越高,备兑认购期权策略的最大可能收益越大,但这会降低期权权利金的收益,并给总收益带来更大的不确定性。

到期时间

到期时间的选择同样会影响你的备兑认购期权策略的期望回报率,因为在期权存续期内,其时间价值并不是以同样的速率下降的。下降速率的不同对于策略的回报率会产生重大影响。这也就是为什么我们在这本书中强调备兑认购期权策略是一种短期的策略。

如果你卖出一份 1 个月后到期的虚值认购期权获得的权利金为 X,那么你也许会认为同样执行价格、2 个月后到期的认购期权的权利金将会是 $2X$。(记住,对于虚值期权而言,权利金即是它的时间价值。)但事实上,你获得的权利金将低于 $2X$(其他条件相等时)。其原因在于期权的权利金并不是随着时间线性下降的。它们在较早的几个月内下降得较少,而在接近于到期时间的时候下降得较快。布莱克—斯科尔斯公式给出了期权时间价值下降的更为精确的表达式,其表达式为平方根形式。图 5-2 用图形表示了这种关系。

因此,一份 4 个月后到期的认购期权的权利金并不会是相同执行价格、1 个月后到期的认购期权权利金的 4 倍。它大概会是其 2 倍,因为 $\sqrt{4}=2$。这意味着期权的时间价值在临近到期日的最后一个月下降速度最快(理论上来说),并且随着存续期的变长逐步放慢。因此,虽然存续期更长的期权会给你带来更多的总权利金,但你并没有为额外的时间获得相同比例的增长,而这将降低你的潜在年化收益率。相反,期权离到期时间越近,卖方收到的每日时间价值将会越多。(表 5-3 给出了"每日权利金"的数值,其权利金收入数据基于前面的美林公司认购期权的例子。)

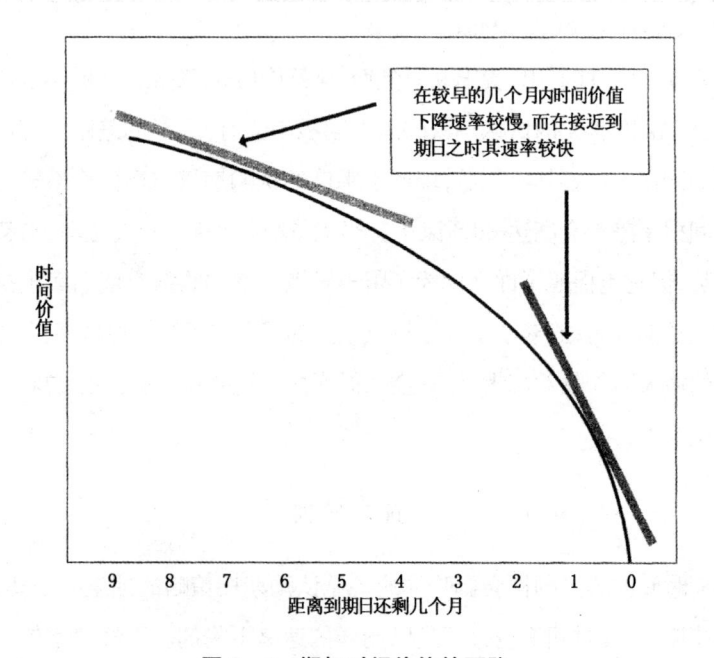

图 5-2 期权时间价值的下降

对相同的期初投资而言,更高的每日权利金意味着更高的潜在收入。因此如果你是一个期权卖方,卖出一份更接近于到期时间的期权的年化收益率会比卖出相同执行价格但到期时间较远的期权更高(其他条件相等时)。这一因素应当被纳入考虑范围内。

记住平方根关系只是理论上的。因此应当将其作为一种指导而非给定的固有关系。表5－3显示了一系列相同执行价格、不同到期时间的美林公司认购期权的时间价值与回报率。此处使用的执行价格为35美元,因为虚值期权的权利金都来自于它的时间价值。尽管持有期各不相同,但为了比较的方便,回报率进行了年化处理。

表5－3　　　　　　　不同到期时间的认购期权的回报率

(利用美林公司的认购期权数据,其股票现价为34.20美元)

到期时间	权利金(买价)	剩余天数	每日权利金	不变回报率(年化)
8月到期、执行价格35美元的认购期权	1.80	23	0.078	83.5%
9月到期、执行价格35美元的认购期权	3.00	58	0.052	55.2%
10月到期、执行价格35美元的认购期权	3.50	86	0.041	43.4%
2003年1月到期、执行价格35美元的认购期权	4.40	177	0.025	26.5%
2004年1月到期、执行价格35美元的长期期权	7.00	541	0.013	13.8%

数据来源:PowerOptionsPlus。

接近于到期日的期权拥有较高的静态回报率

通过上述分析,你也许会得出尽量卖出离到期日时间最短的期权的结论,因为这将会给你提供更高的每日时间价值,并因此提高你的潜在收益。主要的矛盾在于到期时间最近的认购期权提供的权利金的绝对数最小,因此当股票价格下跌时它为你提供的下行保护最少。通过到期时间较远的期权,你的确能获取更多的权利金以获得下行保护。然而,除非股票价格在第一个月就大跌,否则你不必去获得太高的近期的下行保护。再次利用美林公司的例子,表5－4显示了当股票价格在第一个月下跌至32美元、30美元及25美元时,不同期限结构的认购期权所能为你提供的保护。

备兑认购的新洞见

表 5—4　　不同期限结构的期权所能提供的下行保护

到期时间	卖出时的期权价格	一个月后的期权价格	提供的保护
美林公司股票跌至 32 美元时			
8 月到期、执行价格 35 美元的认购期权	1.80	0	1.80
9 月到期、执行价格 35 美元的认购期权	3.00	1.36	1.64
10 月到期、执行价格 35 美元的认购期权	3.50	2.15	1.35
2003 年 1 月到期、执行价格 35 美元的认购期权	4.40	4.10	0.30
美林公司股票跌至 30 美元时			
8 月到期、执行价格 35 美元的认购期权	1.80	0	1.80
9 月到期、执行价格 35 美元的认购期权	3.00	0.75	2.25
10 月到期、执行价格 35 美元的认购期权	3.50	1.40	2.10
2003 年 1 月到期、执行价格 35 美元的认购期权	4.40	3.10	1.30
美林公司股票跌至 25 美元时			
8 月到期、执行价格 35 美元的认购期权	1.80	0	1.80
9 月到期、执行价格 35 美元的认购期权	3.00	0.10	2.90
10 月到期、执行价格 35 美元的认购期权	3.50	0.35	3.15
2003 年 1 月到期、执行价格 35 美元的认购期权	4.40	1.38	3.02

数据来源：芝加哥期权交易所。

理论上能提供的最大下行保护的期权到期时间取决于股票价格实际下跌了多少

表格显示了多少时间到期的期权能够提供的最大保护取决于股票价格实际下跌了多少。通常说，为了从备兑认购期权策略中获得更好的总回报，你期望卖出最接近于到期时间的期权。但如果想要为股票剧烈下跌寻求保护，到期时间较远的认购期权更为合适。

波动率

某种程度上来说,股票的选择就将波动率带到了你的账户中来,但它对期权权利金的影响能够被独立出来进行讨论,以此来帮助你度量不同波动率股票的潜在收益。表5—5阐明了这一点,表中给出了不同波动率的股票的平值认购期权的权利金理论值。表5—6给出了一些可进行期权交易的典型股票样本的波动率范围。波动率通常用股票在一段时期内价格的标准差描述,并表示成年化的百分比形式。它可以解释股票价格在一段特定时间内有多大的可能性位于一定的区间范围内(源自于标准差的定义)。例如,40%的标准差意味着在其计算的时期内(一般为20、50或100天),大约有2/3的时间股票价格都在其均值40%上下的区间内波动。这一统计数据对投资者来说没有直接使用的价值。但作为一个可供比较的方法,无论是同其他股票还是同相同股票的其他时期进行比较,它都对判断该股的备兑认购期权策略是否提供了一个足够吸引人的风险与回报提供了有用的参考价值。

表 5—5　　　　不同波动率水平下的回报率(股票价格=30 美元,
　　　　　　　　执行价格=30 美元,到期时间=46 天,利率=5%)

波动率[*]	期权买价(时间价值)	不变回报率[+](未进行年化)
0.10	0.60	2.0%
0.20	1.10	3.8%
0.30	1.55	5.4%
0.40	2.00	7.1%
0.50	2.50	9.1%
0.60	3.00	11.1%
0.70	3.45	13.0%
0.80	3.95	15.2%
0.90	4.40	17.2%
1.00	4.90	19.5%

两倍的波动率意味着两倍的潜在收益(其他条件相等时)

[*] 利用100天的数据进行计算。 [+] 利用净借款的方法进行计算。

数据来源:麦克米伦分析公司。

许多拥有对应期权的股票的波动率都超过100%。但这并不意味着你能得出拥有巨大波动率的备兑认购期权策略能够带来很高的回报这样的结论。虽然它们的权利金,以及上行可能收益的确较大,但它们的下行风险也同样较大。长期来看,想要获得更高的期望收益,并不能通过选取波动率较高的股票建立备兑认购期权策略来实现,而应当通过寻找那些隐含波动率(通过认购期权价格进行预测)比同期期权实际波动性更高的期权来建立策略。(隐含波动率及期权的估值将会在第八章进行介绍。)

表 5—6　　　　道—琼斯工业平均指数中一些样本股票的波动率

高波动率股票			低波动率股票		
代码	公司名称	波动性	代码	公司名称	波动性
INTC	英特尔	0.73	DD	杜邦	0.34
JPM	摩根大通	0.66	CAT	卡特彼勒	0.34
C	花旗集团	0.58	MCD	麦当劳	0.32
HD	家得宝	0.52	KO	可口可乐	0.30
JNJ	强生	0.43	PG	宝洁	0.28

数据来源:麦克米伦分析公司。

利 率

由于利率会对期权权利金产生影响,因此备兑认购期权策略的回报同样受到利率的影响。然而,只有当利率变动较大时,才会对权利金产生影响。(久期在 1 年或 1 年以上的长期期权对利率更为敏感。)表 5—7 显示了不同的利率对一份 2 个月后到期的期权的权利金及回报率的影响。

表 5—7　　　　利率对期权回报率的影响(股票价格=30 美元,
　　　　　　　　执行价格=30 美元,到期时间=57 天,波动率=0.30)

利率	权利金	不变回报率(未进行年化)
2.0%	1.46	4.9%
3.0%	1.49	5.0%
4.0%	1.51	5.0%
5.0%	1.53	5.1%
6.0%	1.56	5.2%
7.0%	1.58	5.3%
8.0%	1.60	5.3%
9.0%	1.63	5.4%
10.0%	1.65	5.5%

除非利率发生大幅度变动,否则对短期期权回报率的影响可以忽略不计

数据来源:PowerOptionsPlus。

交易成本

由于备兑认购期权策略需要不断地进行股票及期权的买卖，交易成本将会是影响策略回报率的一个主要因素。在折扣佣金与网上经纪业务出现之前，散户难以使用那些一年中需要进行好几次交易的策略，因为交易费用将会吞掉这些策略的大部分期望收益。事实上，对于支付全服务佣金的投资者，我们也不推荐其使用备兑认购期权策略。折扣佣金将比全服务佣金低得多，它对于回报率的影响会小得多，但仍然还是会造成些许影响，尤其是当你的账户资金规模较小时。

在过去的几年时间里，全服务公司推出了一种新型的账户结算方式，这一方式每季度收取一定的固定费用——通常来说是你总资产的百分之几——然后允许你在这段时间内进行任意次数的交易。许多大型经纪公司都推出了这项业务，包括摩根士丹利、美林以及美邦。根据你账户规模的大小，费用可能是账户总资产的1%~2%，甚至更低。最低的手续费大概是每年1 000~1 500美元，不过通常来说开始之时都会要求有50 000美元的账户余额。由于一两个百分点的费率对于原有的标准化全服务佣金来说仅够进行为数不多的几次交易，因此固定费用账户对于那些使用全服务公司账户进行备兑认购期权策略的使用者来说是一个不错的选择。对于交易活跃的账户，你甚至可能发现固定费用账户的佣金比折扣经纪商更低。

为了说明交易成本对备兑认购期权策略回报率的影响，表5-8比较了三种不同交易量下采用折扣佣金与全服务佣金时的回报率。（数据来源于一家知名折扣经纪商及一家全服务经纪公司。）

表5-8　　交易成本对备兑认购期权策略回报率的影响

头寸规模	头寸市值	不变回报（未进行年化） 美元数	不变回报（未进行年化） 百分比	交易费用后回报率 折扣	交易费用后回报率 全服务
100股股票及1份期权	3 000美元	200美元	6.7%	4.4%	0%
500股股票及5份期权	15 000美元	1 000美元	6.7%	6.2%	2.1%
1 000股股票及10份期权	30 000美元	2 000美元	6.7%	6.4%	2.8%

注意：假设在期权到期日之时卖出股票。

对于资金规模极小的账户而言，即使是折扣佣金也会产生较大影响

全服务佣金将几乎吞掉这一策略的所有收益

备兑认购期权与股票的长期比较

专业的基金经理将备兑认购期权策略视作一种有价值的投资策略,它能为股票投资组合带来收入并降低风险。不过就算真的使用这一策略,他们中的绝大部分人也仅仅是针对一小部分资产使用。这其中的部分原因是他们认为备兑认购期权策略将会降低他们资产组合的长期收益。仅有一小部分专业的投资团体对这一问题进行了实证。以下是关于备兑认购期权策略在10年以上投资期中表现的两个分析讨论,每一组分析都基于一个被动的执行方案。在第一个方案中,使用标准普尔500指数作为一组样本,而在第二个方案中,使用一定数量的个股作为样本。

买冲指数

2002年5月,美国最大的期权交易所——芝加哥期权交易所——推出了一个跟踪备兑认购期权策略的指数。这一指数就是芝加哥期权交易所买冲指数,它描述了每个月以标准普尔500指数为标的、卖出到期时间1个月、行权价值最为接近指数现值的虚值认购期权的备兑认购期权策略的表现。每当一份期权到期,就记录下它的净收益或净损失,并卖出一份下个月的期权。与其他主要的市场指数一样,买冲指数可以用来描述一段时期内的被动收益,这就为基金经理主动进行账户管理表现如何提供了标准。(更多关于买冲指数的详情,可见买冲指数网站 www.CBOE.com。)

尽管买冲指数才推出不久,但早在1988年6月标准普尔500指数开始跟踪股票股利时,买冲指数就已经出现了计算的雏形。因此,过去数十年的标准普尔500指数的回报率与相对应的备兑认购期权策略的回报率(由买冲指数计算得出)都能够进行比较。而比较的结果让那些拼命花时间研究如何以更低的风险构造更高回报率的资产组合的专业基金经理大跌眼镜。表5-9给出了这些年来的比较结果。

表 5—9　　　　　　　　买冲指数与标准普尔 500 指数的表现

	每年的年回报率(%)					
	1989	1990*	1991	1992*	1993*	1994*
买冲指数	25.0	4.0	24.4	11.5	14.1	4.5
标准普尔	31.7	−3.1	30.5	7.6	10.1	1.3

	每年的年回报率(%)					
	1995	1996	1997	1998	1999*	2000	2001*
买冲指数	21.0	15.5	26.6	18.9	21.2	7.4	−10.9
标准普尔	37.6	23.0	33.4	28.6	21.1	−9.1	−11.1*

持有期总回报率(13.58 年)	
买冲指数	13.88%
标准普尔	14.07%

*在上述13年中,买冲指数有7年表现得更好

在整个13.5年的时间里,买冲指数平均年回报率比标准普尔500指数低0.2%

月回报率标准差	
买冲指数	2.67
标准普尔	4.10

按月来计算,买冲指数的波动性是标准普尔500指数的2/3

数据来源:芝加哥期权交易所。

其他应当注意的问题:

(1)当标准普尔 500 指数回报率低于 21%时,买冲指数表现得更好;而当标准普尔 500 指数回报率高于 23%时,买冲指数表现较差。但这仅仅只能作为一个参考,不能将此作为两种策略的交叉点。

(2)在 2001 年,标准普尔 500 指数回报率为−11.1%,而买冲指数回报率为−10.9%。但在 2000 年,当标准普尔 500 指数回报率为−9.1%时,买冲指数回报率却是一个正数+7.4%。这说明了即使标的指数回报率相当,使用备兑认购期权策略的资产组合的回报率也可能会大不相同。

记住,这一结果为被动备兑认购期权策略与买入—持有策略之间的比较提供了一个基准。你的资产组合也许无法像标准普尔 500 指数那样分散。因此你的股票的表现与波动性可能也会与指数有很大的不同。(下一节将告诉你在相同时期内,基于个股的相似策略的回报率将会是多少。)此外,买冲指数仅仅利用一个月的平值认购期权进行被动投资,并且不做任何滚动。指数也没有考虑交

易费用与税收。虽然如此，买冲指数仍然说明了在指定的时期内尽管备兑认购期权策略的回报率会因为上行收益的限制而略低于标准普尔500指数，但它的表现并不比长期持有股票差，因为其波动率会明显降低。因此，它为备兑认购期权策略长期投资的有效性提供了证据。

20只个股的实证结果

在2002年夏天，作者进行了一项对个股使用备兑认购期权的长期收益率与买入—持有相同股票进行比较的研究。对个股的备兑认购期权策略进行评估时所构造的模型与买冲指数模型类似，因此买冲指数可以作为实证结果的一个基准。为了达到这一目的，采集了样本中个股与对应的认购期权从1988年6月以来的所有历史数据。

搜集数据时存在许多的问题。对于股票而言，每日的历史价格数据比较容易拿到，但对于电子版的认购期权价格每日历史数据，我们未能通过芝加哥期权交易所获取到足够的数据，而芝加哥期权交易所的工作人员告诉我们由于数据的量过于庞大，需要花费好几个月的时间才能从他们的档案中提取出我们所需的数据。因此，极具讽刺意味的是，在这个电子化的时代，却不得不通过《华尔街日报》的胶片记录来获取研究所需的期权数据。由于《华尔街日报》并没有对所有的期权进行记录与刊登，并且在这段时间内发生了一些并购或是其他类似的公司变动，因此只有9家公司的数据是完整的（从1988年6月1日到2001年12月31日），其他的11家公司则包含至少5年的数据。尽管选择的股票都是交易最为活跃的，并尽量提供较为合理的统计横截面，但也不能将样本视作整个市场，因为样本中包含8家公司是科技相关公司。在构建的这一数据库中，总共包含20只股票超过2 500个不同到期时间的期权。

研究采取的方法与买冲指数相同，即采用卖出到期时间一个月、行权价值最为接近股票现价的虚值认购期权的备兑认购期权策略。如果在期权到期日之时标的股票价格高于行权价格，则模型假设期权被指派行权，并在接下来的那个周一重新买入股票。如果其低于行权价格，则在接下来的那个周一卖出另一份下个月到期的虚值认购期权（行权价格定价基于股票收盘价）。

为了更好地对每一只个股的备兑认购期权策略与买入—持有策略进行比较，模型假设在这段时期内任何时刻不追加资金进行投资。因此，对于备兑认购期权策略而言,如果在被指派行权后没有足够多的资金重新购买回相同数量的股票,则购买的数量会相应地减少(但仍然按一手作为最小单位进行交易)。同样地,如果由于期权权利金的获取,账户资金变多了,也会相应地购买更多手的股票。此外,为了更加真实地进行模拟,模型允许空闲资金获取货币市场的利率,并以折扣经纪商或网上经纪公司的佣金率为准扣除手续费。(更详细的解释与假设见附录 D。)

研究结果对不同股票备兑认购期权策略的长期影响提出了新的见解。研究所选取的时间包含了股价节节下跌的 3 年,以及股票收益率高达 25% 以上、被称作"互联网泡沫"的 5 年——有史以来最大的牛市之一。然而,你仍需记住研究只是对历史数据进行比较,它并不能说明未来是否应当采用备兑认购期权策略。实际上,备兑认购期权策略使用者无法保证能在被指派行权后购买回相同的股票,也无法保证能在所有的情况下卖出一份到期时间 1 个月的认购期权。表 5-10 对研究结果进行了总结。

表 5-10　买入—持有策略与备兑认购期权策略对比研究的总结

(证券按照买入—持有策略回报率的顺序列出)

公司名称	代码	数据月份数	平均年化回报率 买入—持有	平均年化回报率 备兑认购期权	期权卖出比例	指派行权比例	月回报率波动率 买入—持有	月回报率波动率 备兑认购期权
包含从 1988 年 6 月到 2001 年 12 月全部数据的股票								
微软	MSFT	163	38.15%	25.42%	98%	48%	10.59	6.35
甲骨文	ORCL	163	36.04%	23.67%	76%	47%	17.42	13.32
英特尔	INTC	163	29.13%	16.54%	93%	40%	13.33	9.09
太阳微系统	SUNW	163	26.04%	25.27%	82%	35%	19.96	13.67
菲利普·莫里斯	MO	163	14.66%	9.96%	78%	45%	8.94	6.75
默克	MRK	163	14.63%	13.80%	79%	40%	7.92	6.10
买冲指数	BXM	163	14.07%	13.88%	—	—	4.10	2.67
IBM	IBM	163	11.30%	4.81%	99%	40%	10.90	6.20
迪士尼	DIS	163	11.05%	8.07%	75%	40%	26.48	21.74
超微半导体	AMD	163	5.29%	9.10%	66%	35%	20.90	17.38
在 1988 年 6 月到 2001 年 12 月期间数据少于 163 个月的股票								
思科	CSCO	68	20.52%	10.20%	93%	43%	14.30	10.39

备兑认购的新洞见

续表

公司名称	代码	数据月份数	平均年化回报率 买入—持有	平均年化回报率 备兑认购期权	期权卖出比例	指派行权比例	月回报率波动率 买入—持有	月回报率波动率 备兑认购期权
惠普	HPQ	138	19.47%	17.83%	91%	41%	10.50	6.09
沃尔玛	WMT	90	16.08%	17.19%	42%	29%	7.22	6.58
麦当劳	MCD	138	11.70%	12.63%	51%	43%	7.51	6.26
明尼苏达矿业	MMM	90	10.54%	14.00%	78%	33%	4.53	3.73
菲利普石油	P	61	10.38%	10.77%	28%	35%	6.68	5.78
玩具反斗城	TOY	102	7.49%	9.91%	43%	34%	8.02	7.04
联邦快递	FDX	78	6.00%	7.46%	73%	35%	9.56	7.47
通用汽车	GM	138	5.70%	5.20%	64%	38%	8.47	6.68
柯达	EK	66	4.86%	2.65%	44%	48%	6.07	4.58
ASA有限	ASA	102	−2.87%	2.10%	66%	28%	7.73	5.76

注:数据月份数=1988年6月到2001年12月能得到有效数据的月份数目。平均年化回报率不包含股利,但包含交易费用。(买冲指数包含股利,不包含交易费用。)期权卖出比例=卖出认购期权的月数的百分比。如果在到期日之后的那个周一到期时间1个月的虚值认购期权的收盘价低于0.50美元,或者没有可用的行权价,则不会卖出认购期权。指派行权比例=到期时间1个月的认购期权被指派行权的比例。

数据来源:《华尔街日报》及BigCharts.com。

一些研究的重要结论如下:

● 与假设一致,个股的回报率各不相同,与市场的回报率也不尽相同,而备兑认购期权策略的波动率明显小于买入—持有策略。一个对研究中的20只股票使用买入—持有策略的投资者的平均年化收益率将在−3%(ASA)~38%(MSFT)之间波动,而相同股票池的备兑认购期权策略的平均年化收益率为2%(ASA)~25%(MSFT)。

● 长期来看,这20只股票中有7只股票采用备兑认购期权策略收益率将比买入—持有策略高(即使是在加入交易佣金后)。这7只股票的平均年化收益率都低于20%。这也与在何种市场环境中采用备兑认购期权策略收益将优于买入—持有策略的结论相一致。

● 对于所有的股票样本而言,备兑认购期权策略的月回报率波动性均低于买入—持有策略。这也与买冲指数的表现一致。

● 其中一部分股票为备兑认购期权策略提供的机会更为频繁。并不是所有的股票都有足够大的波动率来为每个月的到期时间为 1 个月的虚值认购期权提供至少 0.50 美元的权利金。比如说英特尔、微软、IBM、惠普以及思科这样的股票总能提供这样的机会,而像沃尔玛、柯达、玩具反斗城以及菲利普石油这样的股票在研究期间内只有少于一半的时间会有这样的机会。

● 认购期权有一半到 2/3 的时间不会被行权,即使样本股票在那段时间内有一个异常明显的增长率。有趣的是,对于研究期内的所有股票,指派行权的比例都在 28%～48%之间,并且主要集中在 35%～45%之间。即使是像甲骨文和微软这样表现优异的股票,也会有超过一半的时间不会被行权。

长期实证的结果

正如上文中提到的那样,无论使用两种策略中的哪一种对个股进行操作,不同的个股的收益率都大不相同,其与市场的收益率也大不相同。这是对 5～13.5 年时间实证的结果。更为长期的股票收益率差距更大。

上述实证包含了 200 组不同的数据。附录 D 中的表格列出了研究中所有股票每一年的结果,其结果显示出不同股票之间以及不同年份之间表现的巨大差异性。回报率在-66%～+288%之间波动。有趣的是,两端的极端数据都来自于甲骨文。而备兑认购期权策略的收益率从最低-69%(甲骨文公司)到最高+311%(超微半导体公司)。

这些极端的数据说明了分散化的作用,但除此之外也无法告诉我们更多了。而在极端值内部的这些数据,倒是的确揭示了一些备兑认购期权策略与买入—持有策略的不同。图 5-3 描绘了研究中所有 200 组数据的回报率的分布,通过该图我们可以得知,备兑认购期权策略回报率位于-25%～25%区间内的期数大于买入—持有策略,而位于极端值处的期数小于买入—持有策略。

总的来说,备兑认购期权策略的收益率在所有的 200 组数据中有 95 组表现更好,有 98 组表现较差,而有 5 组与买入—持有策略相当。因此,实证结果表明,相比于买入—持有策略,备兑认购期权策略有近一半的时候会表现得更为优异,且它的回报率的极端值更少。

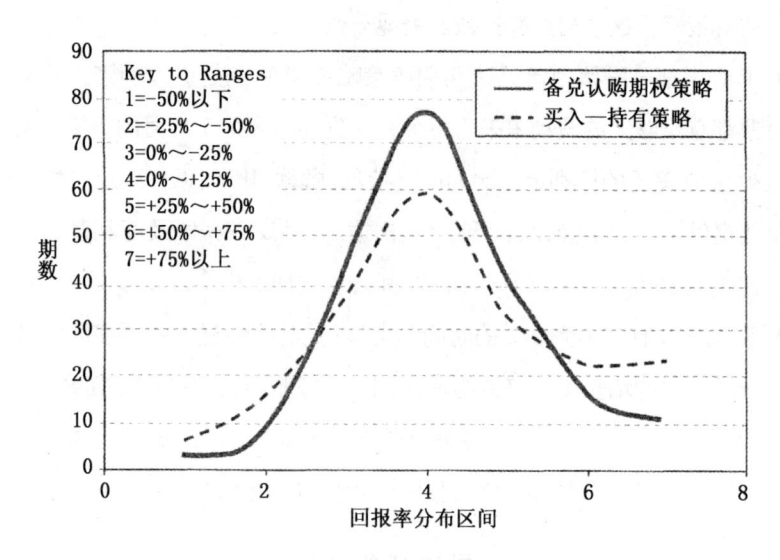

图 5－3　全部 200 组数据回报率的分布情况

卖出更高行权价格认购期权的影响

为了与买冲指数模型保持一致，上述研究中的备兑认购期权策略模型仅仅考虑卖出到期时间最近以及执行价格最接近股票现价的虚值认购期权，因此被指派行权的比例较大。这对于实证结果的影响究竟有多大很难说清楚。然而，对于一些股票，例如 IBM 以及微软，即使是对于到期时间 1 个月的期权，也可以卖出一个行权价格比股票现价高出两档的认购期权——例如当股票现价为 62 美元时，卖出一个执行价格 70 美元而非 65 美元的认购期权。卖出更高执行价格的认购期权将会提供更大的上行最大可能收益，但同时获得的下行保护将会变少。表 5－11 给出了 1988～2001 年间卖出 IBM 与微软股票第二档执行价格的认购期权的结果。对于微软来说，利用第二档行权价格的长期回报率比利用第一档行权价格高出 4.5%；而对于 IBM 而言，两种回报率几乎相同。

表 5—11　　　　　　　卖出第二档执行价格时的结果

公司名称	代码	数据月份数	平均年化回报率 买入—持有	平均年化回报率 备兑认购期权	期权卖出比例	指派行权比例	月回报率波动率 买入—持有	月回报率波动率 备兑认购期权
卖出第一档执行价格时的结果								
IBM	IBM	163	11.30%	4.81%	99%	40%	10.90	6.20
微软	MSFT	163	38.15%	25.42%	98%	48%	10.59	6.35
卖出第二档执行价格时的结果								
IBM	IBM	163	11.30%	4.36%	99%	29%	10.90	6.74
微软	MSFT	163	38.15%	29.98%	98%	32%	10.59	7.59

> 卖出第二档执行价格的认购期权时，IBM的回报率几乎相同，而微软将会高出4.5%。而这两种股票被指派行权的比率都有所降低。

在这一章早些时候的讨论中，我们知道行权价格与到期时间将对回报率产生巨大影响，而且它们还将影响投资者的后续行动，例如进行滚动或平仓。因此，根据不同的策略执行方式，即使是对于买冲指数这样的基准指数进行操作，备兑认购期权策略使用者也会取得不一样的结果。即便如此，对于上述关于个股的实证研究，可能最重要的结论还是股票的挑选对备兑认购期权策略回报率影响最大，而行权价格或到期时间影响较小。因此，对于备兑认购期权策略而言，股票的挑选仍然要比上述讨论的行权价格等更为重要。

收益总结

- 备兑认购期权策略的回报率是标的资产回报率的函数。临界价格(行权价格加上期权权利金)之前，备兑认购期权策略的收益率比持有标的股票高出一个固定的百分比，这一百分比取决于期权的时间价值。而在临界价格之上，标的股票的收益率将会比备兑认购期权策略高，随着标的股票价格的继续上涨，高出的百分比理论上无限。

- 通过股票的历史波动率数据，对于给定的到期时间，可以得出股价到达行权价格之上的统计学概率。

- 卖出一个行权价格最接近股票现价的认购期权，你将获得最大的时间价值,并因此获得最大的静态收益率。股票价格离行权价格越远,你能从期权的时间价值中获得的收益越低。

- 卖出的认购期权的执行价格越高,备兑认购期权策略的可能收益率的浮动区间越大。

- 认购期权越接近到期日(其他条件相等时),你获得的每日时间价值越大,可能的年化收益率也越高。

- 高波动率股票的期权权利金比低波动率股票的期权权利金高,因此这也将提供更高的最大可能收入。然而,备兑认购期权策略使用者应当意识到,波动率高的股票相应的也会有更大的下行风险。

- 交易成本对收益率有巨大的影响。备兑认购期权策略使用者应当基于他们的佣金费率来决定是否值得使用备兑认购期权这一策略。

- 1988~2001年之间的芝加哥期权交易所买冲指数显示,在上述13.5年的时间内,基于标准普尔500指数构造的基本的备兑认购期权策略平均年化收益率为13.88%,而标准普尔500指数的平均年化收益率为14.07%,但买冲指数每月回报率的波动率比标准普尔500指数少近1/3。虽然这一结果并未考虑交易费用与税收,但它仍显示出长期来看,基本的备兑认购期权策略的平均年化回报率与单纯持有股票相差不大。

- 在对20只个股进行实证研究后发现,每只股票的年化收益率表现差异巨大。然而,备兑认购期权策略的年化收益率极端值出现的可能性更小。在全部的200组样本中,有103组样本显示使用备兑认购期权策略的年化收益率比对相同股票采用买入—持有策略的年化收益率要高。

第六章　无形的收益

承担可预计的风险要比鲁莽行事好得多。

——乔治·S.巴顿（George S. Patton）

- 到底多久算长期？
- 备兑期权的解决方法
- 备兑期权策略好处详述

当你在选择一个工作或职业的时候，是否着眼于将来的报酬？如果是，那么当你在选择一种不同的投资策略时，难道不应该将目光放在未来潜在的收益上吗？在投资行为上，备兑期权策略有着相当多的优势，比如平和的心态以及灵活性。这些优势有很大一部分来自于备兑期权策略执行者对于买入后长期持有的看法。

到底多久算长期？

投资公司给投资者的建议一般都是既然你不能确定股市或者单个股票价格上涨下跌的时间，那你最好的方法就是建立一个由股票组成的多元化投资组合，并且长期持有。但是多久才算长期呢？当问这个问题的时候，绝大多数人的答案可能会与美国国税局确定长短期资本利得税的时间标准一致，即一年。美国国税局对此又了解多少呢？国税局只是对此做出了区分以便鼓励人们持有更长时间，因为这样有利于金融市场的稳定。把一年或者任何一段时间看成是最佳或者最短持股期限都是不合适的。

强调长期持有是因为研究分析师们以及其他一些人总是运用基本面分析来为买入—持有策略选股。基本面分析引导你持有股票至少几个季度，因为一般来讲，通过这段时间，公司的基本面才能反映到股价上来。(相反，技术分析者则根据图表以及价格变化来分析，如果时机到了，他们可能会在5天甚至5分钟就卖出股票。)

你很少会从经纪公司研究分析师那里得到卖出建议，因为发出卖出建议对他们来说便是方针性的错误。因此，确定卖出计划的重任就落到了你自己的身上。你的另一个选择就是将你的钱交给私人打理或者将它们投进共同基金中，不去管它。如果那样的话，不管哪种方法你都注定只能获得市场的平均收益率。备兑认购期权策略可以让你重新掌控这一切，给你更高的收益率，还可以帮助你根据你的风险承受能力以及市场情况来调整你的持仓。

备兑期权的解决方法

如果你至少管理着一部分你的投资组合，选择持有的股票并且决定什么时候该买什么时候该卖，那么毫无疑问你肯定经常对以下问题绞尽脑汁：

- 研究将近7 500只股票(包括上千家未上市的)，并选择应该购买的标的。
- 研究基本面以及各种图表，确定发展前景。
- 对公司融入情感，以支持你做出买入决定。
- 决定何时或何价买入。
- 纠结何时卖出。
- 当市场发生变化时，时常怀疑自己的决定。

面对这些你以前知道怎么处理吗？综观市场，每一年有上千名共同基金和私人理财经理，但只有极少部分能战胜市场平均收益率。而且这些人都是倾尽能力去选择并随时监控股票，他们手中有大量的信息，往往还有其他员工来帮助他们调查。所以如果你也可以达到他们的收益率,那么恭喜你,你可以考虑去取得一份像投资组合经理那样的高薪岗位。如果不行,那么你也许得考虑一下备兑期权策略了。

采用备兑期权策略可以把你从因构建一个股票投资组合而带来的压力和紧张中解放出来。特别地,它还带来了以下好处:

- 你不用去费力找出一家公司是否在行业或市场中有某方面表现特别出色。即使是表现最为平庸的股票也能达到你的目标。
- 你不再需要通过水晶球来预测未来一两年的行情。你仅仅需要在必要的时候对接下来的几个月进行合理的预测。
- 你可以对你的整体投资策略倾注情感而不是对单一的股票头寸。
- 你可选的股票从 7 500 多只减少至 2 300 只,但却依然可以为你提供各个主要行业中杰出的股票。
- 你可以用计算机根据潜在回报率对待选股票进行排序。
- 你必须每个月去检查你的持仓量并对它们做出决策,这能够防止恐慌的投资者陷入决策困难或对整个投资组合感到焦虑。
- 你卖出股票的目标价以及持股时间将会在你建立头寸的时候就被提前确定。
- 不管股票上涨还是下跌,随着时间的流逝,你的收益每天都在慢慢地增加。
- 你可以用别人的钱(other people's money,OPM)来放大你的总回报。
- 在购买股票之后,你依然可以改变你股票投资组合的风险收益情况。
- 月收益的波动性将会降低。
- 你可以获得股票市场同样的收益率,却无需承受那么多的压力和焦虑。

备兑期权策略好处详述

你不用去费力找出一家公司是否有哪方面特别出色。分析一家公司的长期基本面并以此来确定其股票的未来升值潜力是十分高尚的行为。但我们都知道这是有缺陷的。在过去的这些年中的迹象已经证实了这一点。即使企业高管提供了准确的信息,经纪公司的分析师在说出任何关于公司的负面消息时也要面临很大的压力。现在为了避免投资者的诉讼,公司也不会再过多地跟任何人描述他们未来的前景。

某一年你持有一只股票,并且你想要调仓,这时你会发现总有上百条信息以这样或那样的方式影响着股票价格。任何人可以期望并且决定公司的股价在未来一年甚至更久应该是多少,这种说法显然值得怀疑。那么你为什么还要自欺欺人地认为自己可以做到这样呢?好消息是相比于单纯持有股票,备兑期权策略更宽容。你不需要总是正确便可以获得相同的回报。

你不再需要通过水晶球来预测未来的一两年。当心!基于一个月内的潜在收益来考虑股票将有可能会损害你的名声。你的反对者将会嘲笑你,和你同在一家高尔夫俱乐部的人可能会戏称你为"交易员"。但是,如果这样能够让你不断地盈利,那就随他们吧!

这让我们正确知道是什么令备兑认购期权策略如此有吸引力,同时对于传统投资来说也是一个直接的冲击。在很多人看来,买入股票并持有数月甚至数年便可视作投资,而买进股票并在几天或是几周之内便卖出则会被标上"投机"的标签。这一切都忽略了一件事,那就是你买股票的目的就是为了增加你的财富,就是这么单纯、简单。大型投资公司鼓励他们的客户采用长期持有的投资方式,因为这些投资公司的主要收入来自于客户们的内部交易活动,这便是证券行业最大的虚伪面具之一。这已是公开的秘密。看看他们的结算单就知道了。如果你希望采用可持续的备兑期权策略,那么你最终将持有一些股票一个月或者更短,有些也可能持有数月,但很少会持有数年。如果你认为仅仅持有股票一两个月有悖于你的投资原则,那么你便不适合卖出认购期权。如果你认为在股市里赚钱与你持股时间长短无关,那么你将会成为一名优秀的备兑期权策略使用者。

你可以对你的整体投资策略倾注情感而不是对单一的股票。大多数个人投资者总是会像买房或买车一样购买股票——购买行为总是基于少数的事实和大量的情感。你购买那些你喜欢的公司的股票,并且期望看到成功。然后你便像忠诚于你当地的球队一样忠诚于你的股票。这么做的危险就在于你忽视了投资的整体目的,并且被一种荒谬的观念约束,这种观念使你认为只有持有了某公司的股票,才是对它真正的支持,如果你卖出了股票那么就意味着你背叛了该公司。

富达公司的彼得·林奇极力主张购买股票时选择熟悉的公司，这是对的。但是如果你理解成卖出股票如同对朋友的背叛，那你就跑偏了。除了寻求治疗，还有一种解决这种误入歧途的忠诚的方法是备兑期权。当你在选择股票时，就是在选择一家"感觉不错"的公司，这可能是你通过查看公司月报或年报找到的。当你选择备兑期权时，就是在选择能够让你在一个特定时期达到特定目标的股票和期权，这一特定时期往往不会超过几个月。你应该将心思放在时间与回报上，而不是你从公司本身获得的情感上，应该将股票看成是能给你带来更多更体面收入的媒介。

通过卖出备兑认购期权还可以减弱另一种股票持有者的情感，那就是自我怀疑。自我怀疑伴随着每一条你阅读的新闻，你会想：是不是公司的前景不好了？公司的市场是不是疲软了？最新的这条消息到底意味着什么呢？你是否真的非得经受这种过山车似的情感的折磨呢？当你采用了备兑期权策略，你会发现你能很好地将自己从这种每日的情感巨变中解放出来。

你的选股范围由之前的 7 500 多只缩小到了大约 2 300 只。有些人可能会笑话你将股票选择的减少当成了优势。对于拥有大量投资资金的机构投资者和运用计算机系统来选择股票的人来说这或许不是优势。但对于自己管理自己股票投资组合的个人投资者来说就很不一样了。事实上，每只股票都有着大量的复杂多变的信息需要去处理，这迫使很多个人投资者依赖于股票经纪人或者专业的顾问。

在具有期权的股票池中选择股票，你依然可以建立包含最活跃股票的多元化投资组合，这些股票来自于美国主要的行业，有制造业、零售业、医药、金融、能源、科技以及通信行业。这种策略不仅缩小了你的选股范围，精简了你的选股流程，而且你将对某些公司变得足够熟悉以便于你反复投资而不用再去重新研究它们。

你可以运用计算机将公司按潜在收益进行排序。当你选择要买入的股票时，最大的挑战就是根据庞大的基本信息量从浩瀚的股海中找出最具吸引力的公司。一些软件，比如价值线（Value Line's），它通过一系列不同的指标将公司进行排列从而帮助你进行筛选，这些指标有价格、市盈率、行业甚至是价值线自己开发的比率。但并没有一种方式真正通过潜在收益将公司进行排序。

然而，通过备兑期权策略你可以做到这一点。每一个可想到的备兑期权机会都可以通过它潜在的行权收益率和不变收益率进行排序,因为你可以准确地计算出其潜在收益。然后你可以将其降序排列,查看公司的基本面并确定排在最前面的公司是否适合投资。当找到了一家符合你基本标准的公司时,你会发现它便是那些有着最高潜在回报的公司之一。

一些人可能会反驳,即使你可以确定所有备兑期权在到期时的最大潜在收益,但是你不知道它们实际上能够获得最大潜在收益的概率是多少,因此这样的排序是有误导性的。但是,就像第五章中讨论的,你可以通过一只股票的历史波动率来确定它在特定的时期到达某一个特定价格的理论概率,这里也是同样的道理。

每个月你必须不断去检查你的股票持有量,并对它们做出决策。备兑认购期权策略必须遵循一个原则,那就是它必须与约定好的到期时间挂钩。如果你卖出的备兑期权临近到期日,那么你根据那时的状况做好准备,可能需要卖出另一份备兑认购期权,如果股票被指派行权,可能需要更换股票,还可能需要在到期日之前滚动你的头寸。即使你不注意,那也不是灾难性的。要么最终期权过期,你依然持有股票头寸;要么你的股票被指派卖出,你获得现金进行再投资。但是为了让这个策略发挥出最好的效果,你将希望做这些决定的时间越接近到期日越好。

备兑期权具有时间依赖性。在期权到期日前的最后一个月内,认购期权的时间价值下降幅度最大。如果执行这种策略,那么你的投资期限将可能不会多于一个月,就像之前讲的一样。纯粹的长期基本面投资者可能会谴责这种方式,但是对于那些不知道应该何时卖出股票的投资者而言,这种方式具有显著的优势。

你卖出股票的时间和价位将会被准确地预计。当你一开始建立长期股票头寸时,你是否时常在脑海中设立一个目标价位或时间点?如果是,那么你能坚持一个目标价位或时间点多久呢?也许很短。为什么呢?原因之一就是投资者没有一个确定的方法或者说准则来告诉他们什么时候应该卖出;最好的情况是他们做出了有依据的推测。另一个原因,正如前面说过的,经纪公司很少会发布卖出建议。这其中有惰性的影响。大多数人长期持有股票是因为什么事不做比为卖出而苦恼来得容易。有一种情况经常发生:投资者持有股票体验了一次有上有下的过山车,最后才将它们卖出,这种卖出更多的是出于无奈而非完成了某个目标。卖出的原因有：
- 股票过了最高点并且被廉价出售,这时他们觉得已经错过了最高点,最好是在它变得更糟糕之前将它卖出。
- 持有的股票表现得比其他周边的股票差,他们失去了耐心。
- 利空消息出现,基本面变差。
- 他们发现了其他更好的标的或者急需用钱。

这些都是清算股票头寸的好的理由,但是有一个最好的,你应该坚持的理由便是这只股票的收益已经达到了你之前设立的目标了。

备兑期权策略一个最容易被忽视的好处就是它能决定何时出售与之相对应的标的股票,并且做这个决定比准确确定该股票的最高价要容易得多。当你想要出售备兑认购期权时,可获取的执行价格是几个间断的价格:它们常常被表示成2.5个点或是5个点。因此,你的决定相对比较直接。如果你的股票现价是38美元一股,你将最有可能卖出执行价格为40美元或者45美元的认购期权,一旦你这么做了,你股票的售价就将由期权的执行价格决定,而你的持股时间也由期权的到期时间决定,那么你的卖出决策将被大大地简化了。

你可以每天从期权时间价值小幅的下跌中受益。作为一项消耗性资产,理论上期权每天都有一点点贬值。当然它们的价格是由市场决定的,而不是由理论决定的,所以它们的价格每天都在变动,但是来自时间的压力却是一直都存在的。并且,你可以确信随着时间的推移所有期权的时间价值将会减小至零。

对许多投资者来说,上述贬值在心理效益上都是十分微小但却十分重要的。如果你是一名股票投资者,那么当你持有头寸时,注定会经历充满挫折与焦虑的时期。为什么我的股票不动？为什么它跌了？这家公司究竟怎么样？一些股民也许可以对这些不像其他人那么在意,但所有人都可以感觉到这些——即使是专业的投资者。把这些交给时间,你将会看到完全不一样的改变。你可以看到一些期权的时间价值从上周五到本周一发生了明显下滑。想象一下,你出去度了一两个星期的假,回来时看到期权明显地下跌,而你的股票却如你所想正常地交易。

你可以运用别人的钱 OPM 来扩大你的总回报。几年前,导演丹尼·德维托通过电影《家有恶夫》使得 OPM 战略深入人心。他扮演的是一名商人,剧中他自夸自己用别人的钱来完成了对一家公司的收购。华尔街并没有采用这种战略,但是却采用了这种思维。如果你愿意,你可以将它看成是放大效应。

如果你持有一只股票同时卖出相应的认购期权,无论在这之后发生了什么,权利金都已经交由你保管了。只要你真的愿意以合约规定的执行价格出售你的股票。所以,事实上,这已经就是你的钱了而不是别人的。但你在实际履行义务之前就提前收到了这笔权利金,这就相当于给了你一笔补偿,这就是 OPM 战略,即使你的确需要在将来卖出东西,但你也提前获得了资金的使用权。你可以通过每个月卖出你股票相应的认购期权获得一些他人资金的使用权。很少有投资能够每个月都给你收益,而且除了备兑认购期权策略之外也没有什么投资策略能做到提前获得这笔收入。

提前获得权利金可以扩大你的总回报,摊低你的平均成本,或者丰富你的持仓。尽管在你的账户上保留一些现金以备你想平掉或者滚动期权的头寸是个不错的选择,但是这些权利金是你的,你想怎么用就怎么用。最简单的方式就是让它们慢慢积累收取利息。以今天的市场利率,这些肯定不足以让你变得富有,但是即使以 3% 的年利率,你也能通过卖出虚值认购期权增加 1/3 个百分点左右的总回报,而如果卖出实值期权你的总回报将会增加一个百分点。

然而,当使用基本的备兑期权策略时,为什么仅仅只获取一次放大效应,而不将它再次放大呢? 换句话说,为什么我们不将收到的权利金再一次投入到这一投资策略中呢? 除非你积累了至少几个月的权利金,否则你的权利金可能不足以购买额外的股票。但是如果一旦你可以这么做了,你的回报的放大比率就将会远远高于市场利率。

你可以用建立一个头寸收到的权利金来支付建立这个头寸所需的成本。比如说,你被行权指派而获得了 4 000 美元收入,并打算用这些钱再投资。你发现了一只中意的股票,但是他的卖价是 42 美元,显然 4 000 美元不足以购买。现在正好有一份售价为 3 美元,执行价格为 45 美元,几个月后到期的认购期权。如果你买进这只股票同时卖出认购期权,这时你只需支付 3 900 美元,这样你便支付得起了,这种交易方法就叫买入—卖出。(你只需选择一家会接受买入—卖出指令的经纪公司,并保持你的账户中有足够可用的净资产)。

另一个使用权利金的方法是如果你有一个保证金账户,你可以利用它们来保持你账户借方的平衡。如果你保证金的利率是 7% 并且有未偿还的保证金,你可以用期权权利金来减少债务节省这 7% 的利息。这就相当于用这笔权利金获得了7％的收益。

注意：一些经纪人会自动将期权空头的权利金放在一个"空头"账户中,这个"空头"账户是独立于你的现金或者保证金账户的。这种情况下,你将无法用权利金来达到上述目的,但幸运的是你还是可以获得市场利息(至少直到到期日公司将这笔资金解冻)。这一政策是为了确保那些卖出期权的空方在最终回购或者平仓时有足够的资金。但是备兑期权空头和其他期权的空头不同。如果你卖出的期权都有标的股票的保护,那你便无需回购期权。所以,这项措施最终成为经纪公司用你的钱赚取利益的方法。如果你的经纪公司这么做,那么你至少要求他将权利金放在一类或二类账户。

在你购买股票之后,依然可以改变你股票投资组合的风险收益情况。正如第四章所述,滚动期权让你无需卖出股票也可以改变你股票头寸的风险收益特征。这是一个巨大的好处,尽管不容易被量化。但是依然很容易看到它的灵活性是如何帮助你管理投资组合的。每一次你卖出认购期权或者滚动向另一个头寸时,你就在改变标的股票头寸的风险收益情况。如果在过程中收回权利金,就降低了风险。所以,无论是想获得股价下行的保护,还是对市场的环境不确定,抑或是想要增加你的潜在收益,都可以相应地调整你的头寸。

月收益波动率将会减小。尽管股票市场长期趋势向上,但是在许多年中股市要么下跌要么呈现上上下下而又不显著改变整体表现的跷跷板式运动。1950~2000年之间标准普尔500指数每个月下跌41％。所以大多数时间你的股票投资组合并不能让你获利。

相反,一只股票和备兑认购期权的组合却总能对你有利。这并不是说它可以让你在某段时间获得100％的收益,而是说在亏损的时候,它会减少你的损失,这就意味着在亏损时它依然对你有利。第五章中讲到的20只股票的实证研究表明备兑期权策略能够产生比买入—持有策略更平稳的月回报:低时不至于过低,高时也不至于太高。备兑期权策略还可以减少负收益的月数。研究中的股票那几个月下跌了41％,这和前面提到的标准普尔500指数在50年间的情况一样;在那几个月持续对那些股票采用备兑认购期权策略仅仅亏损34％。

你可以获得与股票投资相差无几的回报率,但却不用承担那么多的压力和焦虑。让我们到赌场看一看。鲍勃和丽塔都在玩21点。当鲍勃觉得幸运的天平倾向他时,他便会多下赌注来博取更多的利益。而丽塔则执行一种严格的操作方法，这方法能准确地告诉她什么时候应该拿牌、什么时候应该停牌、什么时候应该双倍下注、什么时候应该分牌。你觉得哪个人的压力会小一点呢？迹象：鲍勃正在对庄家咆哮，因为庄家在最后一手拿到了 21 点，并且他已经要了三杯免费的鸡尾酒。而丽塔则泰然自若，因为她知道她将会有赢有输，但是整个晚上她在给自己最好的机会，而且不需要去反复评估她的决定。

当你遵循一个严格的原则去投资时（当然，首先确保该原则有足够合理的内在逻辑），你便比其他投资者多了一个优势。但这并不能保证你总是会盈利，但它可以减少情感对你投资决定的影响，这种影响往往会降低你成功的程度。

第七章　策略执行

生命是一个风险管理的过程，而不是一个逐渐消亡的过程。

——沃尔特·里斯顿(Walter Wriston)，美国花旗银行前CEO

- 确定你的投资方案
- 你是基本面分析者还是技术分析者？
- 选择股票头寸
- 选择要出售的认购期权
- 妥当安排与经纪公司的关系
- 下达指令
- 风险
- 期权的基本征税法则
- 对备兑期权策略使用者的忠告

　　本章主要揭示如何将备兑期权策略由理论过渡到实际操作。基于这一点，你应该掌握足够的关于备兑期权的知识，才能确定它如何才能对你有利，并且知道这一策略是否能将你的性格与投资理念统一起来。如果现在你已经做好投资的准备了，那么本章将会助你起步。

确定你的投资方案

备兑期权的投资方式既可以是长期的也可以是短期的,既可以是保守的也可以是激进的,既可以是主动的也可以是被动的,你可以有自己独特的一套。对于无数的可以卖出相应认购期权的股票,你可以通过选择不同的期权行权价格和到期时间来构建不同的头寸,在对你自己的投资组合执行备兑认购期权策略过程中,可以充分发挥其中的灵活性与你的原创性。而且,随着市场环境或者个人情况的变化,还可以对策略的执行方法进行调整。简单地回顾一下第四章提到的两个基本方法:额外回报法(卖出原有股票头寸的认购期权)和总回报法(为备兑期权选择特定的股票)。

额外卖出

正如在第四章讨论的那样,你可能会考虑卖出原有投资组合中部分或全部股票相应的备兑期权来获取收益、抵御下跌风险、确定卖出目标价或锁定股票头寸的收益。如果是这样,那么你便是众多利用备兑期权策略来获得额外回报的投资者或投资顾问中的一员。这种行为也被称为覆盖法。这种方法隐含的思想是股票的购买与备兑认购期权的卖出是相互独立的事件——购买股票是为了长期的潜力,而选择性地卖出相应的认购期权是因为前面提到的某种情况发生了或者你认为标的股票短期趋势不明朗。

这是一种很合理的方法,但是对采用它的个人投资者和专家来说,它都暗含着一些陷阱。由于这些陷阱的存在,为了额外回报而采用的备兑期权策略经常会达不到预期的效果,从而导致投资者失望。

额外回报备兑期权策略的陷阱

在第四章已经提到了这种方法的缺点。首先,它助长了一种错误观点的形成,这种观点认为备兑期权策略可以在已有的股票头寸上创造无风险收益。这种错误观点没有考虑机会成本,当股票价格上涨超过期权行权价格时,超过行权价格的上涨收益将会被放弃。

这里我们讨论另一个需要当心的陷阱。最大的潜在问题源于那些为了额外回报而采用的备兑期权策略大多不是基于客观事实,而是基于一种主观感觉,认为尽管该股票未来有着具有吸引力的上涨潜力,但近期的表现不是很好。这会导致以下错误:

- 在错误的时机卖出认购期权。额外期权卖出者通常基于一只股票的过去表现而非预期表现间歇性地卖出认购期权。比如卖出一段时间内没有明显价格变动的股票的认购期权。如果一只股票几个月来走势相对平稳,那么它的波动率以及认购期权的权利金就会偏低。如果一直保持平稳,那么卖出相应的认购期权便会有利,但是如果股票向上突破,你可能会因为这偏低的认购期权权利金而放弃了一部分股票上行的收益。

有一个类似的趋势就是不要卖出那些稳步上升的股票的认购期权。然而这正是波动率和标的股票的价格能为你提供最好的获得期权权利金和股票收益的机会的时候。但问题在于,直到期权到期日之前,你都无法知道究竟是卖出备兑认购期权还是单纯的持有股票对你更有利。所以,如果你犹豫是否应该卖出备兑期权,那你的决定便是基于股票的过去表现而不是它在到期日之间会发生什么。

- 觉得你自己可以安排市场。如果只在你感觉安全时(也就是,你相信你的股票不会涨到会被指派行权的价位)卖出认购期权,那你便陷入了危机。很少有人能总是做到正确预测,特别是他们大多凭借直觉预测。比如你花了40美元买了一只股票,因为你相信它会在一年左右涨到60~70美元。六个月后,这只股票交易价格为46美元。你决定,如果按照这个速度上涨,可以以1.5美元卖出一份两个月后到期行权价格为50美元的认购期权,并且不用担心股票会被指派行权。一个月后,该股票爆发,并涨至54美元。股票很少会呈现稳定上涨的走势来迎合你的策略。所以,尽管你的股票正在通往你长期目标的路上,但你不得不放弃50美元以上的增值收益。可以通过趋高滚动和前向滚动来重新获得这部分增值收益,但是重点是你试图安排市场来适应你的备兑期权策略,但这并没有给你带来什么利益。同时,你没有选择在前六个月卖出备兑期权,那时你可以获得行权价格为45或50美元的认购期权的权利金,而你的股票不用被指派行权。

总 回 报 法

相对于额外回报法的另一种方法是特意选择那些因其备兑期权而具有吸引

力的股票,从而从股票增值和连续的期权权利金收入中获得总回报。这样做时,你得专注于研究那些具有上市期权的股票,并且在确定它们是否具有吸引力时,不仅仅是关注它们自身的价值,还要结合它们的期权。这意味着你可能会拒绝一只你看好基本面但却没有相应期权的股票,也许你还可能会卖出一只你并不喜欢的股票的备兑期权。

总回报法与额外回报法在定位上有着本质的区别。对股票的选择是完全不同的,时机的选择是不同的,还有投资组合的后续管理也是不同的。如果你够机智,可以将两者结合起来,但是当你这么做了,你将可能使自己陷入两种方法内在的陷阱中。

运用总回报法的投资者不需要去猜测什么时候应该卖出认购期权。这种方法是基于策略本身的能力,随着时间的推移,产生持续的收益,无需猜测。他们也运用基本面分析来辅助选择股票,但与额外回报法的方法不同,或者说目的不同。因此,总回报法的目的不是以 40 美元买一只在未来一两年内具有涨到60~70 美元潜力的股票。它的目的是以 40 美元买一只股票,同时基于认为该股票在下个月左右即使没有上涨至少也会保持这个价位的判断卖出一份行权价格为 40 或 45 美元的认购期权。这就需要投资者对该股票非常有信心,相信它在接下来的一个月内不会跌破 30 美元,并且到下一年它将会达到预期目标上涨到 60 美元(这个目标往往难以预料)。良好的基本面将会有助于减少股票急剧下跌的可能性。然而备兑期权策略使用者还需要学习技术趋势、支撑位以及阻力位来确定在其期权头寸持有期间可能出现的情形。

总回报法的陷阱

和额外回报法一样,总回报法也有自己的陷阱。以下是主要的几种:

● 卖出最高权利金的期权。如果你在寻找卖出备兑期权的机会,会发现许多这样的情形:期权权利金极高,并提供极具吸引力的潜在回报。问题就在于这些大多是具有很大波动率的股票,或者这些股票价格是被投机者炒起来的。高额的权利金可以由很多原因造成。它们可能是看跌的指标。当出现股价将下跌的可能时——比如说一家公司陷入了重大诉讼,认沽期权将极有可能升值,因为大型的利益相关方会购买它们来保护其头寸。在这种情况下,认沽期权、认购期权、标的股票间的套利行为通常会导致认购期权权利金也同步上升。(这个过程将会在第八章具体解释。)换句话说,认购期权的升值是因为股价可能会下跌。你所面临的不确定性可能要比你原本预料的更大。

- 过多关注期权,而忽视了股票。当你卖出备兑认购期权时,很容易忽略的一个事实就是你的股票才是你的主要投资,事实上它承担了你所有的下行风险。一份吸引人的期权应该根据标的股票的前景来评估。你应该时刻记住,如果股票价格下跌,你将会亏损,即使你获得了权利金收入(尽管这会比你单纯持有股票损失得少)。通常,高波动率的股票对应着拥有较高权利金的期权,这些期权会有两三种不同的高于股票现价的行权价格。比如,一只股票现价是 46 美元,你可以以 1.5 美元卖出一份 2 个月后到期、行权价格为 55 美元的认购期权。如果被执行,它可能会给你提供巨大的回报,但当股价跌破 44.5 美元后它将不能抵消股票下跌的风险。

- 对于被指派行权后的回报有不现实的期望。当你寻找备兑期权策略机会,将待选股票按潜在回报率进行排序时,将会看到一些标的具有巨大的潜在行权收益率(如果被指派行权所获得的收益率)。这通常发生在那些认购期权行权价格远高于股票现价的高波动率股票上。这些认购期权往往提供吸引人的权利金,同时在股票被指派行权之前,还留出显著的上行收益空间。在这种情况下,我们很容易忽略这些高波动率股票也同样具有巨大的下跌风险。在上面的例子中,如果认购期权购买者以 55 美元的行权价格行权,那么你这两个月的回报率将是 22.8%(股票上涨的 9 美元加上 1.5 美元的权利金收入,除以购买股票花的 46 美元)。听起来好极了! 但是这只股票在 60 天里达到行权价格的合理可能性有多大呢? 这个头寸的不变收益率只有 3.2%。

- 没有持续卖出备兑期权。总回报法投资者可能会陷入与额外回报法投资者同样的陷阱——试图去猜测什么时候要卖出,什么时候不应该卖出。如果你买入一只股票是因为它可以提供一个实施备兑期权的好机会,然而你却在第一个到期日之前决定不卖出备兑期权,那么你便违背了当初选择这只股票的初衷。即使像上面的例子那样,它的静态收益率是 3.2%,如果你没有卖出认购期权,一年下来,在权利金上你将损失超过 19%。如果你被指派行权后却没有立即将你的获利再投入到一个新的头寸中,也是一样的。

关键点在于许多备兑期权策略的好处来自于该策略本身严明的操作原则。你可以混合使用策略,甚至可以随时间改变你的策略,但如果你对你的执行方法不清楚,那将很难坚守操作原则,从而陷入上述陷阱之中。无论采用总回报法还是额外回报法,当你清楚你的操作并且对陷阱充满警惕时,才会成功。

你是基本面分析者还是技术分析者?

正如上文所述,额外回报法和总回报法的主要区别在于标的股票的选择。这种区别和两种不同的股票分析手段(基本面分析与技术分析)的区别类似。对此,投资者大多态度明确,要么是纯粹的基本面分析者要么是纯粹的技术分析者。明确你的定位非常重要,因为这将决定哪种卖出备兑期权的方法是最适合你的。

基本面分析是投资研究的支柱。这种分析关注公司财务、商业趋势、目标市场的特征、增长率、竞争力,也就是对企业整体健康以及前景具有直接影响的所有因素,也包括外部因素如劳动力市场、法律、市场监管以及市场对该公司的估值。其目的是将这些信息进行归纳,做出公司的盈利预测,并对投资者是否该买、该持有还是该卖做出相应的建议。这些建议是着眼于长期的——即使没有数年至少也得几个季度,而且大多不考虑当前市场究竟表现怎么样。因此,对于告诉你股票在接下来的一两个月内可能会如何表现,基本面分析并不是特别适合。

技术分析与基本面分析全然相反。技术分析不太关心公司的盈利情况或产品。其结论是短期的,关心一只股票(或一个板块,或是整个股票市场)在接下来的几个月中的走势。为了得出这些结论,他们运用技术分析的方法研究代表股票价格变动的图表,分析买卖交易量,画出趋势线。技术分析者假设通过他们分析揭示出来的买卖双方的行为模式可以为个股或大盘的未来走势提供线索。比如,一张图表告诉我们该股的趋势是否确立以及它的支撑位(如果股票下跌,大家都愿意购买的价位)在哪,尽管这并不保证是正确的。有许多网站专门做这些图表,包括 BigChart.com 和 Stockcharts.com,它们都免费提供图表资源;Stockcharts.com 还有一个图表学校提供免费教学服务。

作为一个备兑期权策略使用者,你需要将你的方法与你中意的股票选择技术统一起来。如果你基于长期基本面分析选择股票,那么你应该配合额外回报法。但是基本面分析并不会帮助你决定何时卖出认购期权。因此,你得考虑技术因素。否则,你将任凭直觉操作,可能会陷入"认为自己可以安排市场"的陷阱之中。如果你倾向于采用总回报法,那么通常你会利用技术分析选择股票,你将可能陷入"卖出最高价期权"的陷阱之中或忽视基本面。关键是不管你是否采用额外回报法或总回报法来实行备兑期权策略,在做决定前,你最好将基本面分析与技术分析结合运用。

选择股票头寸

如果采用额外回报法执行备兑期权策略,那股票的选择可能是基于长期基本面分析、经纪人、新闻报道或者其他来源的建议。无论你咨询得到的信息是什么,你要选择那些具有长期持有优势的股票,而不是具有备兑期权优势的股票。

相反,如果采用总回报法,股票选择的过程和你之前的将会有些许不同。也许你中意长期基本面好的股票,但是你的首要关注点在于辨别股票对应的认购期权是否有吸引人的权利金、在到期日时股价是否很有可能达到或者高于期权行权价格。这个过程将在下面具体描述。

无论采用哪种方法,都可以通过两种不同的方法寻找股票:通过常用的信息来源选取股票,然后剔除那些没有相应期权的;或者专门选择那些具有吸引力的备兑期权的股票,然后剔除那些基本面有问题或不适合你风险承受能力的股票。用期权来限定你股票的搜索范围是明智的,因为这给予你最大的灵活性。然而,这并不是说你不能同时使用这些方法来识别潜在机会。

搜索所有股票

现在差不多有 2 300 只股票拥有上市期权,你会发现无论你的选股思想的来源是经纪人的荐股清单,或像标准普尔、穆迪投资评级机构、价值线、晨星这样的独立服务机构,或是一篇选股报道,通常你都不需要浏览整个清单来寻找一只带有上市期权的股票。事实上,上述的许多来源都会在股票描述中表明期权的存在。

一旦找到你中意的股票,接下来就是上网查询股票当前的定价,查看期权链,有时也叫期权串或期权蒙太奇。(第九章将会列出一些在线网站以及它们提供的期权链例子和其他信息。)一个期权链是一张汇总表,上面列出了特定股票的所有可选期权。通常,快速浏览一遍便可以告诉你该股票是否符合你的要求,哪个期权又是你应该交易的。从这个汇总表中,你可以确定以下内容:

- 可用的到期月份、行权价格以及相应的权利金。根据股票交易的价格,你可能找得到也可能找不到适合卖出的期权。如果你中意卖出一个月后到期的期权,比方说股票现价 14.5 美元,可能会觉得 15 美元的行权价格没有留出足够的上行空间,而行权价格为 17.5 或 20 美元的期权权利金又少得可怜。然后你有可能会将眼光转向下一个到期月份或另一只相关股票看看是否有更如你所愿的选择。如果确实发现了具有吸引力的期权机会,应该做好标记,这样下次你再想获得这个期权报价或跟踪监测它的时候,你就不用翻遍整个期权链了。

- 流动性。可以通过查看日交易量和未平仓合约来确定流动性。每一份上市期权都有主动报价栏显示买价和卖价。然而流动性越差的期权买价与卖价之间的差距往往越大。这意味着如果市场更有效的话,在卖出时你将得到少一点,而买进时你要付出多一点。

流动性差应该作为你拒绝一只股票的原因。一份流动性差的期权的买价与卖价之间的差距可能少至只有 0.05 或 0.10 美元,但是也有可能多达 0.6 美元甚至更多。即使 1/4 美元(0.25)的差距,尽管看起来不是很多,但如果按年率计算就相当于 3 美元。对一张期权合约来说就是 300 美元。对于一手 20 美元每股的股票来说就意味着 15% 的年收益率。当一份认购期权的流动性很差而且买卖价相差很大时,比方说 0.25~0.3 美元,你应该换一只股票来寻找卖出的认购期权。如果已经持有这样的股票,并且正在额外卖出它的认购期权,那你可以设一个限价指令试着将价格限定在买价与卖价之间。

可以把即将到期的平价认购期权作为基准,因为时间越久,股票价格与现价价差就越大,期权流动性就越差。对于可接受的流动性是多少没有一个具体的标准,但是有一条经验法则:如果一份期权一天的成交量少于 50 张合约,或者未平仓合约数少于 500 张,那就要小心了。这并不意味着你绝不能卖出这些合约。应该注意买卖价格之间的差距,确保在当前的股价下可以获得一个你觉得公平的价格。

注意,当你获得一份期权的报价时,无需对异常巨大的买卖价差太过担心,如果这是发生在正常交易时间外的话。无论是对股票还是期权而言,交易日结束时最后给出的报价可能并不反映你在交易日内实际看到的买价与卖价。

- 价值。除了基本的报价和标记，一些期权链至少还会根据布莱克—斯克尔斯期权定价模型列出期权的理论价值。根据这个可以确定你所选股票的期权价格是高于还是低于它的理论价值。这不仅可以帮助你选择股票——通常，你会想去选那些认购期权权利金高于理论价值的股票，如果公司发生了什么你应该注意的事情它还会给你提供暗示。比如，期权的权利金比理论价值稍高，而且成交量也比往常大，你就应该查查公司最近的新闻看是否发生了什么事情造成了这种偏差。如果没有，那你应该避开这只股票，因为这意味着股价有可能大幅上涨，也有可能大幅下跌。

专门为备兑期权策略选择股票标的

为备兑期权策略选择股票的一个有效的方法就是利用那些专门设计用来显示可用的备兑期权的软件和在线服务网站。（这些网站将在第九章讨论。）通过这种方式，可以根据不变收益率或行权收益率对所有上市期权逐一排序。通常，你一开始先利用一个确定的股价范围或一个明确的收益价格比，或者其他标准对股票进行过滤。一旦确定了待选列表，就可以根据回报率进行排序，然后从第一个开始查看，决定它们是否值得进入下一步筛选。

这里有一些备兑期权策略的标的股票应有的特征：

- 基本面优秀并且股价表现平稳。关注少数稳定行业内基本面优秀的公司是好的，因为你可以指望它们给你具有吸引力的权利金收入以及增值的可能。这些股票相当于股票经纪人推荐的"核心股票"。事实上，可能有些股票是一样的。如果你持有四五家类似花旗集团、默克、微软这样的公司的股票，并且打算做长期投资，那你需要做的就是在给定的月份里，确定哪一只股票能更好地在股价与权利金收入之间提供均衡，而这样做之后你就自然而然地成为一名备兑期权策略使用者。

- 公司具有有待开发的潜力。曾经，你可能在你的投资组合中被套了很久，买入了一家你认为会成为下一个微软的公司，或一家提出一种从互联网中获利的方法的公司。你知道你可能得持有它一段时间，但是你还是买了它，因为你坚信它有超额的长期潜力。你也知道这一潜在的情况在一两年内可能不会发生。一些这样的公司可能是比较小的企业，没有受到广泛的关注，它们期权的流动性也不会很好，这些股票可能并无法构造一个很好的备兑期权策略。但其他的一些已经受到关注的股票会有许多认购期权可供选择出售,而由于拥有大量可供选择的期权,这些股票通常能够在短期内构造许多优秀的备兑期权策略。

- 高权利金。高权利金往往伴随高波动率的股票,所以你需要花更多的心思来选择合适的备兑期权待选标的。通常,它们大多是些题材股——依靠消息或传闻。然而,正是因为它们上下波动剧烈,它们的期权才有更多的权利金。如果有合并或收购的消息,你可能会看到非常吸引人的认购期权权利金,但是你也很有可能发现股价也已经很高了。这种情况下,如果公司否认重组传闻或者到预计时间依然没有发生任何事情,价格将很容易就被拉回来。另一种高权利金的情况是公司陷入负面消息。股价的下跌增加了股票的波动率,这使得认购期权的权利金高于往常。因此,一只大幅下跌后的股票对备兑期权策略使用者来说是非常具有吸引力的。然而,你同时也冒着股价继续走低的风险。

- 具有很好技术形态的股票。如果你是一个图表观察者,你会发现一些突破、反转或具有上升趋势的股票。这些技术形态暗示股价将要上升,因此表明了非常好的期权卖出时机。如果你准备卖出备兑期权,又不习惯使用技术分析,那么花一些时间来熟悉一下这种能发现价格变动的有用的方法是个不错的选择。

选择要出售的认购期权

选好股票,任何时候都有 10~100 种认购期权可供你选择。然而,当你根据你的投资计划限定待选期权,那可选范围将缩小很多。如果你想卖出一两个月后到期的平价期权,就要集中关注这些。如果想卖出期权来获得你持有股票的额外回报,可能得先按行权价格从高到低浏览,直到你找到具有足够权利金的期权。

选择行权价格

行权价格的选择决定基本上来自于你的风险立场,通常会在一两个行权价格之间选择。绝大多数被卖出的备兑认购期权都是行权价格最接近标的股票现价的,无论是实值期权还是虚值期权。表 7-1 利用一份 8 月中旬卖出的 9 月份到期的戴尔电脑备兑认购期权来说明不同的行权价格是如何匹配不同的投资策略的,当时戴尔的股价为 26.25 美元每股。

表 7—1　　　　　8月中旬卖出的9月份到期的戴尔电脑备兑认购期权

行权价格	期权价格	投资策略
9月22.5美元认购	4.4美元	这是一份极其保守的行权价格。在除掉佣金之前，你只能获得0.65美元的时间价值——39天2.5%的收益率。对于只有数百股股票的小账户来说，这支付佣金都不够。但是对于拥有大额账户的人来说，他们只需支付很少的佣金，这样的行权价格可以很好地给他们提供下行保护(这种情况下，将近17%)
9月25美元认购	2.5美元	这个行权价格依然相对保守。在除掉佣金之前该期权提供1.25美元时间价值——4.8%的收益率，并且提供了10%的下行保护
9月27.5美元认购	1.1美元	这是风险中性的备兑期权，也是在这个股票价格下投资者卖出最多的。它提供了与行权价格为25美元的期权差不多的静态收益率(4.1%)，尽管下行保护降到了4.1%，但扣除佣金前的上行的可能最大收益率(行权收益率)却上升到了将近39天9%的水平
9月30美元认购	0.30美元	这是激进型的备兑期权，只有最低限度(1.1%)的静态收益率。这和单纯持有股票几乎没有区别，因为下行保护非常微小，它的成交量很低，因为你每张合约只能获得30美元，除掉佣金的话更少。即便是对大户或是想要额外回报的投资者，卖出这样的期权都值得商榷

牢记，表中说明的情况是实值认购期权与虚值认购期权之间各种类型的交易，而真正的投资方案是动态的。股价上1美元的波动便会轻易改变你要卖出的认购期权，或者甚至导致你直接放弃卖出该股票的备兑期权。很多时候，你中意一只股票，但它却没有适合你的认购期权。而下个月或者下周，同样这只股票又可能给你提供很多吸引人的卖出备兑期权的机会。这种变化大多与股价和其期权行权价格的相对位置有关。如果股价在30～50美元之间，而其期权行权价格比股价多5美元，那么这种情况就极有可能发生。比如你更喜欢那些行权价格比标的股票价格高出一两美元的备兑期权。举个例子，一只你中意的股票现价为38美元，你最有可能接受行权价格为40美元的期权提供的权利金，并且你依然享有一部分股票上行的潜在收益。而行权价格为35美元的认购期权可能过度实值，它可以提供足够高的权利金但是却没有股票上行的空间。行权价格45美元的认购期权又不能提供可观的权利金。然而如果该股票现价为35.5美

元,那么将没有任何的行权价格适合你,那你可能得考虑卖出其他股票的认购期权了。下个月,第一只股票的股价可能会如你所愿。在实值与虚值的认购期权中如何选择,这取决于你。在不同的时间,或者在同一时间不同股票上使用它们都有一些好的理论方法。归根到底,就是你愿意用多少股价上行的潜在空间来换取更多期权上的收益。提个建议,如果你发现你总是卖出实值认购期权,你便没有留出足够的长期潜在上行收益来补偿下行的风险。下行的保护总是有利的,但是如果你相信标的股票确实具有长期上升的趋势,那应该从股价上涨上尽可能获利。

选择到期月份

时间价值是期权总体价值的组成部分,它随着时间递减,作为一名备兑期权策略的使用者,正是这种递减使你赚钱。第五章已经解释了在临近到期日时期权时间价值加速递减。这意味着,在其他条件都一样的时候,为了获得认购期权时间价值减少的最大利益,卖方最好卖出尽可能接近到期月份的期权。这就是为什么本书使用的例子大多是一两个月就到期的。通常在到期日前1~3个星期,你会发现极具吸引力的备兑期权。假如你被指派行权,有钱进行再投资,但在下一个到期月份里却找不到自己中意的,一个星期之后,距离下一个到期日只有三周时间,你会惊奇地发现一些机会浮出水面。

尽管许多人认为这种短期的观点很难被接受,但是它依然有一些主要的优势。

● 随着时间的推移,你每天都可以获得更多的时间价值,从而扩大了你的总回报。

● 你有更大的灵活性来滚动你的期权头寸。通过卖出最近一个月的期权,你会有最多的选择来进行滚动,这会最大化你通过滚动获得的收益。

● 你有更大的灵活性来适应市场情况或及时捕捉出现的机会。(你将你的资金捆绑在更短的时间上。)

● 你不会持有头寸太长时间,因为你被迫每个月要重新评估你的头寸。

如果你有闲置资金或账户中额外的购买力,那将资金投资到距离到期日只有一个星期或几天的备兑期权并没有任何错。然而,有些人在到期日前的最后一个交易日卖出虚值认购期权而没有购买或持有标的股票,理由是离到期日这么近，他们觉得没必要承担持有股票的风险与花费。这是你应该抵制的诱惑。具有波动率股票的认购期权具有 0.1、0.2 美元的权利金，当交易快要结束股价比行权价格低几个点的时候可能更高。但是，除非你买了标的股票，否则这只能叫裸认购期权，即使你在到期日前一天才卖出它们。这是一个违规账户，如果你还没有被批准卖出裸认购期权。另外，如果在那天休市之后公司发布了重大新闻，股票在周一早上大幅高开，导致你被指派行权，而你却没有股票，这将大大影响你的心情。

短线交易唯一确定的结果是你将支付更多的佣金，因为你卖出更加频繁。至于这个对你回报的影响有多大就取决于你的经纪公司采用的佣金费率了。

妥当安排与经纪公司的关系

如果你打算卖出期权并且之前没有这么做过，那你需要明确怎样构建你与经纪公司之间的关系。这不仅涉及你对公司的选择，而且还关乎你将从经纪公司那里获得什么样的服务以及你自己要做什么。你可以在全美证券交易商协会的任一家会员证券公司开设一个备兑期权账户，无论它是一家综合类证券经纪公司、折扣经纪公司还是在线经纪公司，在你做出选择时你都应该考虑以下几个方面：

综合类证券公司与折扣经纪公司

第五章说明了佣金对备兑期权收益的影响。标准全服务佣金与折扣佣金的差距是值得注意的，而且这还会对你是否值得采用备兑期权策略产生影响。如果你支付的是全服务佣金（一般是交易股票本金的 1%~3%），备兑期权将会是难以负担的。这样想：如果一个月后到期的备兑期权最大的收益是 3%~5%，你得支付 1%~2% 的佣金，那你的交易成本便吞掉了你大部分潜在收益。你需要获得 7.5 折到 6 折甚至更大的佣金折扣才足以使这笔交易有价值。选取一些不同数量的佣金报价样本，并同时考虑股票与期权的交易价格，计算一下分别会花费多少。如果你可以从经纪公司那里获得一个一年固定费用为 2% 的账户，你可以看看那会有多大的优势。

并不是所有"折扣经纪人"的佣金都是一样的，但是他们跟全服务佣金费率比起来都是有利的。无论你为购买400股现价为25美元的股票(本金为10 000美元)支付9.99美元、14.99美元、19.99美元甚至29.99美元,你所支付的佣金都不足1%。记得考虑你的最小交易成本,特别是对期权。卖出两张价格为0.25美元的期权合约(总共50美元),如果你只得到了21美元却支付了29美元的佣金,那就没有多大意义了。

综合类证券公司的一个优点是通过它你更有可能只需发出买进—卖出指令便可交易备兑期权。正如第四章所说,买进—卖出指令是一个执行买进股票同时卖出期权的交易指令。你指定净支出价格——等于购买股票的成本减去卖出认购期权的权利金,当股价及期权价格达到你的指定价格时,你的经纪公司将执行这一组合交易,从而索取相关佣金。(买进—卖出指令将在本章后面详细阐述。)全服务公司的另一个优势是你会获得一个专属的客户代表,他将给你提供个人建议。如果你没有时间或兴趣每隔几天就得上网来选择你的投资目标,那拥有一个专属客户代表对你来说是个极大的帮助,他会在发生一些你应该知道的事情或有新的投资想法时打电话告诉你。另外,综合类证券公司的客户代表还拥有实时报价数据,甚至可以得到明细报价数据。这不是必要的,但是是非常有用的,特别是当你纠结于行权价格的选择或处理大额头寸的时候。

然而,很多客户代表不涉及期权,即使他们获得了系列7许可证(全美证券交易商协会要求证券经纪人须有的从业资格)。如果你的客户代表不为你交易期权,你就要在其他地方交易。你应该上前问个明白。如果你对他的知识不够有信心,跟他讨论一些潜在的想法,给他一些当前期权的报价看看他是否能给你提供你所需的信息。你也要做好一些客户代表劝阻你进行期权交易的准备,即使你只是想卖出备兑认购期权。很多客户代表不喜欢处理期权,他们的公司可能指示他们避开期权。如果一个客户代表不支持你实行备兑期权策略,那么你应该去找一个支持你的。

即使你的客户代表不反对期权交易,那你也不要指望他或她会专注地帮你寻找备兑期权的点子。经纪人有很多客户需要跟进,依靠他们来获得选股思路是一回事,而当他们发现一个好的备兑期权机会或当你的头寸需要滚动时,仰仗他们来提醒你那又是另一回事。另外,按规矩,经纪公司研究部门不发表对备兑期权的评论。除非你的客户代表为其他客户处理过备兑期权交易,否则你可能需要通过自己的调查来填补他的服务。

在线经纪公司

在线经纪账户对备兑期权很有利,特别是对于独立性强的投资者。佣金也十分低廉,并且你可以在线获得报价、新闻、投资组合信息。在线经纪公司几乎可以提供实时期权信息,尽管有时提供的价格会有15～20分钟的延迟,除非你额外加钱或通过成交量来确定。很多在线公司也允许你利用电话指令。这在你旅游或不能上网时给你提供了支持。然而,有时电话指令将会另外收费。在线的客户代表都是交易员,所以他们需要精通股票和期权,尽管他们不提供建议。

金融规划师

金融规划师或金融顾问主要关注类似共同基金或保险这样的理财产品,如果你与他们打交道,即使他们能偶尔替你交易股票,也不应该使用这种关系来交易备兑期权。很多规划师或顾问没有资格处理股票和期权业务,他们多数甚至没有全美证券交易商协会系列7许可证。不要羞于弄清你的顾问是否有资格替你交易期权。向他咨询股票或期权的报价,如果你的顾问不能做这些,那你只有到别处实施备兑期权策略了。

选择账户

你可以在现金账户或保证金账户建立一个备兑期权投资组合。保证金账户将给你更多的灵活性,而现金账户也很好。想要用一个已有账户来建立你的备兑期权投资组合,你只需填写期权协议,从你的经纪公司那里获得许可。如果账户中还有股票、债券或其他证券,它们不会受你备兑期权投资行为的影响。

经纪公司可能会允许利用保管账户交易备兑期权,也可能不允许,尽管事实上对于该账户来说它会是一项明智的长期投资策略,比如对孩子的教育储蓄金账户。具体允不允许,你得问问你的经纪公司。提醒一下,如果你有联名账户,那所有的账户所有人都得签署期权协议。

利用个人退休金账户或其他自理的退休金账户交易备兑期权是被许可的,除非你的经纪公司有内部规定禁止。只要美国国税局允许,大部分经纪公司也会允许。因为退休金账户的收益在取出之前不用纳税(如果是罗斯个人退休金账户的话,是完全免税的),这些账户非常利于交易备兑期权。

只要记住，任何你想卖出认购期权的标的股票必须和你卖出的期权在同一个账户中。所以如果你开设了一个新的账户来交易备兑期权，而你的股票正在过户，那在卖出认购期权之前，你得先等等直到标的股票已经在新的账户正式登记。

卖出你就职公司股票的认购期权

你可能通过员工优先购股计划或股票奖励等员工福利项目积累了一些你就职公司的股票。可能你在你的401(k)或其他退休金计划中持有公司股票。如果它是附有上市期权的股票，那你可以卖出它的认购期权。当然问题的关键是股票保存在哪里，你是否有权全权处置。

有时候有些股票只有在你已经在公司服役了一段指定的年限之后才会授权（就是从本质上属于你）。在它授权之前，你不能对它做任何事情。一旦它真正成为你的，下一个问题就是你想卖出所有头寸的认购期权还是部分头寸的认购期权。如果你有大量的公司股票，卖出其认购期权将会非常值得，但是你的决策应该根据你拥有公司股票的数量、你是想卖出部分还是全部、税收等。

如果你决定卖出这些股票的认购期权，得保证这些股票在你名下的账号中。比如说如果这些股票是放在第三方托管账户或公司名下的账户，那你得将它们过户到你名下。如果你公司的股票放在401(k)计划中，那你得看这个计划是否允许交易备兑期权，或者你可以将你公司的股票过户到你自理的个人退休金账户中。（比如，当你离开一家公司，你有权依法将401(k)计划中的资产转移到自理的个人退休金账户中。）

保存记录

你的经纪公司将会以纸质或电子邮件的形式给你寄交易确认单和月结算单。这些文件都是完整的具体的，但是对于备兑期权，它们通常会发生两种方式的遗漏：

● 它们没有将股票与期权的持仓结合起来反映个体备兑期权组合头寸的投资表现。

● 它们通常不会提供交易记录，而这正是你需要拿来报税的。

经纪公司记录报告只是针对单个头寸的。因此，如果想要知道你在一个特定的组合头寸——一个股票多头头寸和一个或多个认购期权空头头寸——中获利或亏损多少,那就需要自己计算。另外,当到了年末你备案以及缴纳联邦税款的时候,你需要在附表D中填写你的交易记录,而你的经纪人不大可能提供这些信息。

通过Excel或其他电子表格应用程序创建一张电子表格,将你的备兑期权日常操作记录保存在里面便可以解决以上缺陷。一旦你建立了这样的表格,再根据交易确认单或月结算单时刻更新便十分简单了。到年末,打印出来并和其他税收表格放在一起。(在附录B中有这种表格的模板。)

下达指令

执行对于备兑期权策略使用者来说要比长期股票买家重要得多。如果你买进一只股票,并打算持有数月,每一单0.1美元或0.15美元的价差可能不值得你在意。但是对于备兑期权,你会在一年中频繁买进卖出,即使是0.1美元或0.15美元的价差最终都会累积成一个巨大的数目。最终,你在最开始建立头寸时下达的这种具有价差的指令会对你的最终收益产生显著的影响。

市价指令与限价指令

如果你使用市价指令来卖出备兑期权,你的指令保证立刻得到执行,但是将会以当前卖方价格成交。使用限价指令(你指定价格)可以降低股票和期权的交易价格,但是你得承担有可能无法达成交易的风险,事实上,你可能被迫设立一个次优价,因为市场价格离你而去。通过限价指令,也有可能达成部分交易,就是买进或卖出一部分股票。为了避免这样,你需要设定"足额执行指令"。这里有一些关于如何设立你的股票或期权指令的建议:

- 当第一次买股票时,使用限价指令。这个时候,即使没有按你的价位成交,你也不会失去什么,你有最大的灵活性。在股票上节省一两个点比在期权上节省0.1或0.15个点要好得多。你甚至可以将买价限定在比当前价格低的价位上(挂一天单或直到撤单),以求得更低的价格买入。

- 尝试在交易日中间时段(上午11:00~下午14:00,美国东部时间)买入股票。这时股票及其期权不大会剧烈波动。尽量避免在交易日的第一个小时和最后半小时交易,因为那时波动较大。

● 当你卖出备兑认购期权时,如果可以通过实时报价看到它们是如何成交的,那就用限价指令。将你的价格限定在买价与卖价的中间价位。但是,要记住,这不同于股票,股价以 0.01 美元变化,而期权价格低于 3 美元时以 0.05 美元变化,而高于 3 美元时以 0.1 美元变化。那些报价正好在 3 美元左右成交的会面临上述两种情况,打个比方,你可能会看到买价是 2.90 美元或 2.95 美元,而卖价是 3.00 美元、3.10 美元或 3.20 美元。

● 出售流动性较差、价差较大的期权是一种挑战。首先,试着将价格限定在报价之间。如果期权没有成交而且股票以底价成交,然而你的指令可能不会全部成交,除非你改成市价指令或限定更低的价位。比如你要卖出的期权的报价是 0.8~1.2 美元,最新的成交价是 1 美元。你应该将价格限定在 1 美元或 1.1 美元。如果有人用市价指令来购买,那你将会获得最好的成交价。然而,如果你等了一会依然没有成交,你应该将卖价限定在 0.9 美元。这比你一开始就下达市价指令要好,因为那样你将在 0.8 美元成交。但是有可能你等了几个小时也没有成交。同时你要注意股价的下跌和低于 0.8 美元的买价出现。

● 如果你不能得到实时报价数据,那就对你的认购期权头寸下达市价指令,但是避开包含流动性差的期权的备兑期权。

止 损 指 令

止损指令是一旦价格到了指定价位便买进或卖出的指令——比如当股价到达 26 美元时买进 200 股 XYZ。这种指令在期权中不是经常用到,但是常用于股票——比如,如果你想在一只股票突破某一价位时买进或跌破某一价位时卖出。假设如果它成功突破,它将朝着这个方向走得更远。不推荐已经卖出备兑期权的投资者发出卖出止损指令,因为如果执行的话将会使你持有裸认购期权头寸。请注意,一旦止损指令被触发,那它将会变成一个市价指令,除非你设定的是限价止损指令。举个例子,一旦股价到达 26 美元或更高,购买 XYZ 的止损指令将会立即变成市价指令,除非你设定了一个限定买价。比如,买价限定在 26.5 美元,这样你便可避免股价一早高开 2 或 3 美元,迫使你得以 28 美元甚至更高的价格买入的情况。

买进—卖出指令

当你在交易日期间不能盯盘时,买进—卖出指令十分有用。然而,不是所有的公司都会接受这种指令,一些在线经纪公司不能在其在线指令处理系统中处理这些指令。

买入—卖出指令要求经纪人在买进股票与卖出期权的净价格达到投资者要求时才买进股票,同时卖出期权。这保证了股票与期权的头寸要么以你满意的价格同时成交,要么都不成交,经纪公司会对两边的头寸同时负责。根据股票和期权的最新成交价设定净价格,而不是根据股票的卖价和期权的买价。(如果你根据后者,那就和同时设定两个独立的市价指令一样了。)经纪人可以用任意的价格组合交易股票和期权,只要组合的净价格符合你的要求。如果经纪公司可以以当前卖价买进股票,然后以买价卖出期权来吻合你设定的净价格,那这个指令将会很快成交。然而,如果你希望获得一个更有利的价位,那你得有耐心。

示例:

以 29.5 美元买进 100 股 ABC

以 1.5 美元卖出 1 张 3 月份到期行权价格为 30 美元的 ABC 认购期权

净支出=28 美元

在本例中,你以 28 美元的净支出建立了一个备兑期权组合头寸。事实上,你可能以 29.25 美元买进股票,以 1.25 美元卖出期权,但是只要净支出是 28 美元,那就没关系。你依然投入了相同的资金。记住,你的净价格是针对整个头寸本身。股票和期权各自的成本可以变动。

滚动期权头寸时采用套利指令

一个套利头寸包括同一标的股票对应期权的一个多头头寸和一个空头头寸——比如,它可以由一个 4 月份到期行权价格为 50 美元的 ABC 认购期权的多头和一个 4 月份到期行权价格为 55 美元的 ABC 认购期权的空头组成。一个套利头寸可以通过套利指令建立,你同时执行买进或卖出,获得一个净价格(就像买进—卖出指令一样)。比如,你可以设定一个指令买进 5 张 8 月份到期行权价格为 25 美元的 XYZ 认购期权,卖出 5 张 9 月份到期行权价格为 25 美元的 XYZ 认购期权,获得 2 美元的净收入。(指定支出和收入有利于确保经纪人明白哪个该买,哪个该卖。)作为一名备兑期权策略使用者,你不用建立套利头寸,但是当你要滚动你的备兑期权头寸时,你可以使用套利指令达到买进一份期权平仓同时卖出另一份期权开仓的目的。

　　套利指令大多是限价指令;如果是市价指令,无法保证将两个交易合并为一个交易。和买进—卖出指令一样,你的经纪人可以用任意的价格组合两边交易期权,只要组合的净价格符合你的要求。举个例子,如上述的套利指令,经纪公司可以以3美元买进期权,5美元卖出期权,从而获得2美元的净收入。

风　险

　　正如我的陆军伞兵学校的教官在实际跳伞前的最后一节课告诉我的那样:"现在,你需要知道的是如果你的降落伞打不开该怎么办?"

　　● 市场风险。备兑期权策略使用者要记住他们是股票持有者,他们得承受所持股票的市场风险,那就是股价波动产生的风险,而且这种波动是超出他们的可控范围的。卖出备兑认购期权可能可以抵消部分风险,但没办法消除所有风险。

　　你以37.5美元购买了一只股票,又卖出行权价格为40美元的相应的认购期权,而到到期日时,股价下跌到35美元的概率和上升到40美元的概率是一样的。这就是股票投资者的现实,并不会因为你卖出认购期权而改变。认购期权可以使波动的影响变得平稳,但改变不了波动发生的概率。

　　● 交易风险。当你想要执行备兑期权策略的两个部分的时候价格发生了变动,这就是交易风险。尽量缩短股票指令与期权指令的时间将会减少这种风险,但是如果你打算延迟一个指令,期望获得更好的价格,那就增加了风险。

　　● 交易中止风险。当标的股票停牌时,上市期权也会相应停牌。这通常发生在一项会显著影响股价的公告发布之后,为的是让投资者消化这些消息,稳定股价。期权交易也会因外部原因中止,比如交易所的电路故障或其他类似意外。通常,这些影响是短暂的,但是无法预测它们何时发生,持续多久。

　　当期权交易中止时,持有者依然有权行权,而卖空者必须履行合约义务。但是,你不能通过市场平仓。交易中止是典型的临时状况,不是备兑期权策略使用者的主要问题。另一方面,如果他们不能在公开市场上卖出期权,他们只好行权。考虑下面一些极端的情况,比如,你持有XYZ的股票,并且卖出3月份到期行权价格为55美元的认购期权。现在是到期日前的星期四,一份大量收购XYZ的合约出价60美元。股票在53美元时停牌,而且到星期五还没有复牌。将发生大规模的投机行情,但是在股票复牌之前,3月份到期行权价格为55美元的认购期权的持有者不知道是否应该行权。如果他们觉得周一股票会以高于55美元的价格开盘,那期权持有者便会想要行权,持有股票。否则,认购期权将会过期。另一方面,他们可能觉得在下周一或复牌时股价将会先回撤,给他们以低于55美元价格买入股票的机会。因此,一些期权持有者会行权,而另外一些不会。但是,无论怎么样,这种情况都没有损害到你,除了阻止你在到期日前平仓。

标的股票也有可能退市,或者它可能不再拥有上市期权的资格——比如股价低于5美元。这种情况下,不会有新的期权发布,而现有的期权将继续交易,可能流动性极差甚至没有。然而,这样的期权依然可以被行权。

期权的基本征税法则

如果你利用一个合格的退休金账户,比如401k计划或自理个人退休金账户,交易备兑期权,那你就不用担心税收问题。如果你使用普通的需纳税的经纪账户,在交易股票和期权的时期内你还得额外负担税收。另外,你还得了解适用于备兑期权的征税法规。这部分就看看那些法规。但是记住,征税法规是会变的。当然,税收政策比上述提到的更加广泛,因此你也可能会被其他税收政策所影响。我们建议在你纳税之前先查查你的最新个人退休金账户记录或问问你的税收顾问。如果你想采用一个专门的投资策略来延迟纳税,在实施前先咨询你的纳税顾问。

● 来自期权的资本增值和损失需要缴纳税款,这和股票一样,持有期的要求也一样。可以将期权权利金看成是一项收入,但是在个人退休金账户中将其视作资本资产。现在,要想你的资产所得税税率和长期资本利得税税率一样低,必须持有该资产至少一年。由于一般上市期权的最长期限是9个月,所以它们的权利金要按短期资本利得税率纳税。唯一可以视作长期的方式是你买进或卖出长期期权,并持有超过一年。

- 备兑期权策略中使用的期权纳税时独立于标的股票,除非它们被行权。如果你在到期日前平掉了你的备兑期权头寸或期权过期,期权将作为独立的证券纳税。这意味着你要为你收到卖出认购期权的净权利金(除掉佣金之后)和成本的差额纳税。如果该期权过期失效,那你的成本为 0,所以应纳税额为全部销售所得。如果你平掉头寸,你的成本就是购买补偿期权付出的权利金,所以应纳税额为获得的净权利金减去付出的权利金。其中的一个例外是,对于像下面定义的限制性备兑认购期权,如果损失被确认,应当视为长期资本损失,而出售或交易标的股票的所得也应被视为长期所得。

如果你卖出的期权被指派行权,那么该期权将视为股票交易的一部分纳税。对于持有期少于一年的股票,当你被指派行权时,将期权和股票组合起来纳税与分开纳税是没有区别的,因为无论哪种方式,当你纳税的时候所有的短期收益和损失已经加总了。但是,如果股票是长期持有,如果组合起来纳税,那会使你的期权也被视为长期资产。(解决这种情况的另外的规则将会在下文说明。)

示例:

32 美元买进 100 股 GHI

1.75 美元(已除掉佣金)卖出 1 手 2 月份到期行权价格为 35 美元的 GHI 认购期权

不同情形下的征税情况如表 7—2 所示。

表 7—2　　　　　　　　　不同情形下的征税情况

情　形	征税情况
期权到期	短期应纳税收益:175－0＝175(美元)
除掉佣金后,花了 45 美元买进补偿期权平掉了认购期权空头头寸,获利	短期应纳税收益:175－45＝130(美元)
除掉佣金后,花了 225 美元买进补偿期权平掉认购期权空头头寸,亏损	短期应纳税损失:175－225＝－50(美元)
被指派行权	应纳税收益:175 美元的期权收益加上 300 美元的股票收益,总收益为 475 美元

- 反跨式法则。反跨式法则用于防止税收过程中损益的错配现象。在美国国税局的条款中,跨式是指为其他账户"损失风险的实质减少"所建立的"抵销头寸"。当抵销头寸存在时,如果由于另一个账户的未确认收益而导致了账户中损失的抵销,法则将暂缓或终止计算持有期。卖出实值备兑期权将会创建一个

抵销头寸,因此适用于此法则。然而,该法则只适用于被卖出的期权是实值期权以及非长期持有股票时。应用该法则时,国税局会基于期权是轻微的实值期权还是实质性的实值期权,对限制性及非限制性认购期权进行区分(对于限制性与非限制性的全套判断标准将在附录C给出)。

当备兑期权被卖出之后,如果期权是非限制性的,而且股票不是长期持有的,在认购期权被行权时,那么在拥有认购期权头寸期间,股票的持有期将会被清零;因此,只有当认购期权被平仓后,股票的持有期才会从零开始重新计算。如果该备兑认购期权是限定性的,那么在拥有认购期权头寸期间,股票的持股时间将暂停计算;换句话说,一旦认购期权头寸平仓,那么持股时间将从暂停的地方开始累计。

通过这些法规,美国国税局防止投资者利用认购期权使用几乎无税策略,但依然允许在认购期权空头具有风险的时候采用延期纳税策略。因此,你可以卖出虚值备兑认购期权来延迟纳税,或者从长期资本利得税率中获利,抑或将纳税义务推迟到下一纳税年份。

● 用新买进的股票来履约。如果你的一只股票被指派行权,而这只股票你有大量的未实现收益,可以通过从市场上购买同样的股票来履约以避开大额的税款。你得确保经纪人知道你这么做,这样你的交易确认单才会表明这新进的股票是用来履约的。当然,这样也会增加佣金,这也是买进股票履约时应该考虑的。

比如你卖出了一手8月份到期行权价格为45美元的通用汽车股票的认购期权,该股票你已经持有20年,成本价很低,后来被指派行权了。你告诉你的经纪人你想要以当前市价46.3美元买进100股通用汽车的股票,并用这些股票代替你持有20年的股票来履约。再进一步指示你的经纪人在交易确认单上标记通过指派行权卖出100股,备注"该股买进价格为46.3美元"并标明日期。这样,在征税的时候,你买进的100股股票将会与履约卖出的100股股票相匹配,交易的成本价记为46.3美元,而且你依然拥有你原先持有20年的股票。

● 洗售规则。洗售规则指如果你卖出证券,然后在该交易之前或之后的30天内又买进同样或类似的股票,那么你卖出证券的损失将不能抵税。因此,如果你在一只股票头寸上已有亏损,而且卖出了(或被指派行权),接着你又在30天之内买入该股票(不管你是否卖出该股票的认购期权),那你得等到你卖出这些新股票之后之前股票的损失才能抵税。注意,根据该规则,你卖出标的股票后再买进深度实值的认购期权应该视作买进类似证券。

● 推定出售规则。该规则指当一项证券增值时,投资者未来避免收益税费通过卖出不同的证券来代替的情况。如果第二种证券与第一种相比,消除了损失的风险,而且提高了潜在收益,那么投资者将被视为采用了推定出售。当上述情况发生时,如果增值的证券以市场价格卖出,投资者必须对收益进行确认。就像反跨式法则一样,卖出实质性实值认购期权将有可能触动该规则,而虚值认购期权或是限定性的期权则不会。

对备兑期权策略使用者的忠告

这一章介绍了备兑期权策略的实战。以下忠告将会帮助你成功实施这项策略:

● 不要认为你可以不断地猜测卖出认购期权是否有利。

● 在大多数情况下,如果你不打算在行权价格卖出股票,就不要卖出该股票的认购期权。

● 不要忘记备兑期权策略使用者也是股票持有者,是股票承担了几乎全部风险而不是期权。

● 不要对任何股票注入太多情感,那会妨碍你出售它。

● 不要因为标的股票股价上涨就轻易地回购或滚动期权。只要还具有时间价值,就不会被指派行权。

● 不要因为期权权利金吸引人就轻易卖出备兑期权,先在标的股票上做足功课。

● 如果你要使用经纪人,那么挑一个懂期权的人。如果在线交易,尽量获得实时报价。

● 避开那些成交量很少或买价卖价相差 0.3 到 0.4 个点的期权。如果你依然想卖出这些期权,使用限价指令,并且要有耐心。

● 卖出最接近到期月份的期权,但是不要卖出权利金远低于 0.5 美元的,除非你的佣金很低。

● 尽量卖出虚值期权,这样你可以获得长期股价上涨的好处。

第八章 改进的策略执行

高波动率就像将你的头放在烤箱中,同时把你的脚放进冰箱。

——哈里·马科维茨(Harry Markowitz),

1990年诺贝尔经济学奖获得者

- 备兑期权的保证金交易
- 基于其他证券的备兑期权策略
- 部分卖出、混合卖出和比例卖出
- 认沽期权的卖出
- 隐含波动率和价值高估
- 到期博弈
- 期权—股票套利

前面几章中我们介绍了任何投资者在开始交易备兑认购期权之前所需的基本知识和技术。本章,我们将目光转向更复杂的操作方法上来,其中包括保证金的使用、除股票之外的其他标的证券的运用、部分和比例卖出,还有辨别期权是被公平定价还是被低估或是高估。通常,这些技术适合经验丰富的投资者和专业交易商。然而,备兑期权初学者可能也想要了解,以提高策略的灵活性,让他们的策略更迎合其目标、风险承受能力以及专业知识。

备兑期权的保证金交易

利用保证金购买股票可以用从经纪人那里借来的钱扩大你的投资。这种投资组合的扩大给了你额外的杠杆，这意味着当你盈利时，可以赚得更多，而亏损时，也会损失更多。当然，目标是增加投资的回报要大于你借钱花费的利息。

如果保证金利率较低（比如6%），你只需要找出收益率超过每月0.5%的备兑期权，便可以跑赢单纯的无杠杆投资。这听起来很容易，但是注意在熊市中保证金投资组合下跌得比无杠杆投资组合要快。在价格下滑时，保证金认购期权头寸会迫使你平掉剩下的仓位，这会加剧下跌的幅度。当许多利用保证金交易的投资者被迫平仓时，更加快了市场的下滑。

备兑期权的保证金规则

既然在备兑期权策略中股票是最主要的投资工具，利用保证金买的股票也会给备兑期权使用者带来类似的杠杆效益，但是不同于股票持有者的是：卖出认购期权收回的权利金可以抵补保证金需求。通常，对于带有虚值认购期权头寸的备兑期权来说最初的保证金需求是股票价格的50%，这低于期权权利金收入（除去佣金之后的净收入）。因此对于利用保证金的备兑期权策略，收获的保证金越多，用来维持股票头寸所需的钱就越少，杠杆也就越大。

看看极端的，你甚至有可能利用保证金买进一只低价股，同时确定一份实值认购期权，当该期权卖出时，收获的保证金足以抵补保证金需求——该股价的50%。但是，证券经纪业都不希望客户全部利用借来的资金购买股票，因此他们采用了一项额外的规则来限制实值备兑期权可借资金的数量。该规则是：**如果一份备兑期权处于实值状态，那其可用保证金（他们将会借你的资金）是股票价格或行权价格的50%，以较低者为准**。这条规则并不是用来打击利用保证金进行实值备兑期权交易，而是用来防止投资者完全利用借贷资金建立头寸。即使存在这条规则，你依然可通过利用保证金交易实值备兑期权获得相当大的杠杆。你也可以频繁地找出到期时间较远的虚值期权（特别是在长期期权中），它们可以提供足够多的权利金，以减少备兑期权策略中股票头寸的净花费。这样做并不会受到上述权利金限制的管束。

为了说明保证金交易给备兑期权策略使用者提供的杠杆情况,表8—1列出了下述虚值备兑期权组合在利用保证金交易和利用现金交易时的潜在收益:

以11美元买进500股ZZZ

以0.75美元卖出5张10月份到期行权价格为12.5美元的认购期权

距离到期日还有41天

保证金比例＝7％

不考虑佣金

表8—1　　　　　备兑期权的现金交易与保证金交易的比较

	现金交易	保证金交易#
净投资	5 125美元	2 375美元
不变收益率*	7.3％	14.9％
行权收益率*	21.9％	46.5％

* 收益率采用净借方的方式计算。# 保证金采用最大保证金率50％。

资料来源:麦克米伦分析公司。

注意,利用50％保证金交易的备兑期权增加的潜在收益并不仅仅只有你预想的两倍,而是还要再稍微高一点(46.5％对21.9％)。这是因为利用保证金交易时所需的投资额不是现金投资时的50％,而是只有46％:保证金需求等于股票花费(5 500美元)的50％,或说2 750美元,再减去所获的权利金(375美元),就是2 375美元,也就是现金投资5 125美元的46.1％。如果卖出的认购期权权利金更高,那这个效应会更大。你所获的备兑期权权利金越多,当你利用保证金购买股票时的杠杆就越大。因此,**备兑期权策略使用者相比于股票持有者可以从保证金交易中获得更多杠杆**。

实值备兑期权也有同样的效果,尽管由于前面提到的规则,在减去权利金收入之前,你的保证金需求可能比股价的50％稍高。如果卖出10月份到期,行权价格是10美元而不是12.5美元的认购期权,你从经纪人那里最多可借资金是行权价格的一半而不是股价的一半——是2 500美元而不是2 750美元。算上权利金收入之后,你的净投资为2 625美元,而不是2 375美元,也就是现金投资的51.2％。利用保证金卖出实值认购期权既可以提供有力的下行保护,而且由于杠杆的存在还可以提供吸引人的收益。

备兑期权保证金交易的优点

你卖出备兑认购期权所获得的权利金不仅能抵补你的保证金需求,还可以增加你账户的资金。这会减少你的保证金利息,而且如果股价下跌还有助于缓解被强行平仓的压力。此外,你还可以利用卖出备兑认购期权来追加部分或全部保证金,而不用再存进额外的现金。

另外,期权保证金可以使你购买更多的股票。事实上,比起单纯股票投资者,备兑期权策略使用者有时可以利用保证金购买更多的股票。这是因为,当你在保证金账户中卖出认购期权时,对权利金的再投资增加了你的购买力。所以,通过使用保证金账户,可以购买你原有资金两倍的股票。卖出这些头寸的期权,再用这些期权的权利金来购买更多的股票。你甚至可以卖出更多的认购期权。那杠杆将会变得很大。

表8-2利用下面的情况来说明对于同一只股票,备兑期权策略使用者能比单纯股票投资者多买多少股。

在利用保证金的前提下,备兑期权策略使用者每100股的投资需求等于股票花费的一半(550美元),减去期权权利金(175美元)。这意味着净投资需求为375美元每100股,不考虑佣金。因此,备兑期权策略使用者可以用5 500美元购买1 400股股票(5 500美元除以375美元,再乘以100,取整数)。利用保证金进行备兑期权交易有如此高的杠杆并不少见。

示例:

ZZZ股票=11美元/股

ZZZ股票的虚值认购期权=1.75美元

可用资金=5 500美元

结果取整数

不考虑佣金

表8-2   现金账户与保证金账户最多可购股数对比

单纯股票投资者		备兑期权策略使用者	
现金账户	保证金账户	现金账户	保证金账户
500股	1 000股	500股	1 400股

上述例子表明了利用保证金交易的备兑期权策略使用者与单纯股票持有者相比具有额外的优势。这种优势在这个例子中表现得更加明显,因此该股票的价格相对较低。然而,这些优势并不意味着你应该利用最高的杠杆或总是购买低价股票。使用保证金交易不需要有非常激进的态度。保证金交易也可以被用在合理的保守的策略中,比如使投资组合多样化或者帮助小资金投资者购买更稳定的高价股。

基于其他证券的备兑期权策略

"钻石基金"、"Qs"和其他交易型开放式指数基金(ETF)的备兑期权策略

许多指数都有上市的期权——包括道—琼斯工业指数(DJIA)、标准普尔100指数(OEX)和标准普尔500指数(SPX)。理论上,要想卖出指数认购期权来对冲,你应该构建一个投资组合(包括指数中的所有股票,并配以对应的权重)。但是这对于一个个体投资者来说是不切实际的。为了帮助想要在他们的投资组合中使用指数的投资者,一些金融机构推出了一些既跟踪指数表现又可像股票一样交易的证券。它们被称为交易型开放式指数基金(ETF),并且有些还有相应的上市期权。

ETF来源于20世纪90年代早期美国股票交易所对标准普尔存托凭证(SPDR)的说明中。现在ETF的数量超过了100只,包括一系列基金以及由股票和债券组合而成的有特定投资目标的信托产品。比如说,知名指数的ETF,如道—琼斯工业指数和罗素2000指数;行业ETF,如能源和健康;还有特定国家的ETF,如澳大利亚和日本。非股权ETF包括特定时期的国库券。ETF基金是由一些著名的金融机构推出的,他们大多以品牌名称给其ETF命名。比如,先锋指数参与股权凭证(VIPER)是由美国先锋公司推出的,安硕系列ETF(ishares)是由巴克莱全球投资公司推出的,石油指数ETF是由美林证券推出的。美国交易中心官方网站(www.amex.com)是个不错的网站,它可以提供ETF的教育以及当前的信息。

两个最流行的ETF是钻石指数ETF(DIA)和Qs(QQQ),前者是跟踪道—

琼斯工业指数的,后者是跟踪 100 只纳斯达克股票的。它们都有各自的上市期权。卖出这些证券的认购期权与卖出个股的认购期权是一样的。对于想要寻求更多样化投资组合或想要获得市场收益又避开个股波动率的投资者来说,利用 ETF 实施备兑期权策略是个很好的方法。DIA 和 Qs 的期权有着多种行权价格,这给你的操作提供了极大的灵活性。

卖出可转换证券的认购期权

股票期权的标准条款规定,在被指派行权时,标的股票应该作为交割资产。到目前为止,只讨论了股票的备兑认购期权,但是股票期权也可能非股票资产所保护,只要这些资产可以转换为股票。这就意味着你可以按照相应条件卖出认股权证、可转换债券、优先股甚至其他期权的备兑认购期权。

第一项条件是你的可转换证券至少能被换成足够的股票来覆盖你的认购期权空头头寸。举个例子,如果你有一份可换成 25 股股票的债券,那么你需要 4 份这样的债券才能覆盖一份认购期权。第二项条件是你的可转换证券不能在期权行权日期之前失效。另外,如果可转换证券对标的股票有特定的转换价格——比如一份认购股权可以以 15 美元购买 1 股股票,那么认购期权的行权价格必须不低于该价格。这些条件必须满足,你的经纪公司才会认定你的可转换证券可以有效覆盖认购期权空头头寸。如果你对特定证券是否满足条件有任何疑问,可以问你的经纪人。

卖出认股权证或可转换债券的认购期权并不是很常见,因为符合条件的不是很多。找到这些机会也是很具挑战性的,因为这些证券在大多数备兑期权的软件中没有显示。但是如果你遇到一个,你可以利用第九章介绍的计算器来计算你方案的收益,你可能会发现它们很有吸引力。

但是请记住,可转换证券有独特的特点,当你打算在备兑期权策略中采用它们时,需要考虑这一点。比如,一些可转换债券是可回购的,也就是说,它们可能会在到期之前的某一天以某一价格被提前赎回(债券的价格还没涨到其认购期权提供的价格),如果你的债券被赎回而你依然有相应的认购期权空头头寸,那就会出现问题。像可转换债券和优先股这样的证券一般都是长期的、有利息的,这会导致它们的时间价值可能高于转换价值。在这种情况下,你被指派行权从而被迫转换就没有什么优势了,因为你不得不放弃时间价值。你最好购买标的股票来履约,然后继续持有可转换证券或将它们出售。

卖出其他期权的认购期权——认购期权备兑期权策略

其他期权的备兑期权比可转换债券或优先股的备兑期权要流行得多,而且有2 300多只股票的上市期权可用。然而,这些头寸不叫备兑期权。在期权术语中,它们叫牛市价差策略或对角套利。我们更倾向于称它们认购期权备兑期权策略。不管你怎么称呼它们,它们的原理还是和股票的备兑期权策略相同。

你可以买进一份实值期权来代替股票。(注意,实值额越大,认购期权的时间价值就越少,你得最小化时间价值,因为它代表你在本策略中的损失。)你需要卖出一份认购期权,同时买进一份距离到期日更远,行权价格相同或较低的认购期权。否则,你的经纪公司将会认为你的空头头寸没有被覆盖。

利用期权作为标的证券比起利用股票来最大的一个好处就是省了很多钱。如果你想卖出一份IBM的备兑认购期权,它的股价是80多美元1股,那就需要花费8 000多美元购买标的股票。即使是利用保证金,你依然需要支付4 000美元(还要支付利息)。而如果你买一份五或六个月到期的IBM认购期权,实值额差不多是15美元,你的投资额将很有可能低于2 000美元。

在这种情况下,你的投资额由套利规则决定,套利规则指你必须承担你所买期权与你所卖期权的价差——是两个头寸的净投资。本质上来讲,这意味着你的期权多头头寸不能利用保证金,必须全额支付。想要进行套利投资,需要你的经纪公司批准该策略,并保证你账户中的最低资金不少于套利策略的花费,可能是10 000美元或更多。

表8-3分别显示利用无保证金股票头寸、保证金股票头寸还有其他期权实施备兑期权策略所能产生的潜在收益。情况如下:

以每股81.8美元的价格买进100股IBM

或者以18.9美元每份的价格买进一份1月份到期行权价格为65美元的IBM认购期权(距离到期日还有149天)

以5.4美元每份的价格卖出一份10月份到期行权价格为80美元的IBM认购期权(距离到期日还有58天)

保证金利率=7%,保证金需求=股票价格的50%(4 000美元)

假设在这段时间内没有红利

不考虑佣金

表8—3　　　　股票备兑期权策略和其他期权备兑期权策略

	股票备兑期权策略（无保证金）	股票备兑期权策略（保证金）	认购期权备兑期权策略
净投资	7 640美元	3 640美元	1 350美元
不变收益率	4.7%	8.7%	20.7%*

* 假设1月份到期行权价格为65美元的IBM认购期权在到期日时值18.10美元。

资料来源：麦克米伦分析公司。收益率计算使用净值法。

当10月份期权到期日临近时（或者到期日之前的任何时候），如果你选择卖出认购期权来对冲你所持有的1月份的认购期权，你可以滚动10月份到期的认购期权或者平仓，就像你对冲股票一样。你可以卖出10、11、12甚至是1月份到期的认购期权，同时继续利用1月份该股票的认购期权来作为备兑资产标的（只要你卖出的期权的行权价格不低于65美元）。对于该股当前的股价，1月份到期的该股的认购期权的时间价值只有2.1美元（总共210美元）。这就是利用认购期权代替股票的成本（如果你一直持有至1月份）。为了方便比较，在本例中，可用的保证金为4 180美元，149天的利率为7%，利息为119.44美元。

当你实行认购期权备兑期权策略时，还需要考虑一些东西。如果你的空头头寸被指派行权，通常你会想到卖出多头头寸来履约，如果它还有时间价值的话。为了避免被动，卖出认购期权对冲其他认购期权的投资者一般更关注他们的空头头寸，时刻准备滚动或平仓，而不是等着被指派行权。注意，当你用认购期权代替股票来覆盖期权时，你得不到任何红利，也没有选举和被选举权。

卖出认购期权对冲期权看起来比对冲股票更具风险。事实上，情况恰好相反。通常来说，由于你的花费更少，可以用同样多的资金建立一个更大的头寸，这将导致你的总风险变大。但反过来说，如果你花更少的资金建立一个同样大小的头寸，那么你的头寸的下行风险将会更低，而潜在收益却保持不变。这是因为相比于持有等价股份的股票持有者，认购期权备兑期权策略使用者处于风险的资金更少。如果本例中的IBM股价跌到50美元，那股票持有者的资产将会变成3 180美元，而认购期权备兑期权策略使用者只会损失最初投资的1 350美元。

当你利用期权作为你的备兑证券时，认购期权多头头寸的时间价值就成了额外的成本,因为到到期日时它会逐渐减少到零。但是当短期股价下跌时,你依然可以期望这样做比利用股票进行备兑期权损失得更少。随着股价的下跌,股票的多头头寸将会出现等额的亏损,而实值认购期权的多头头寸亏损较少。这是因为当行权价格接近当前股价时,期权包含了更多的时间价值。(参考第五章的表5—2。)

为了讲明原理,假设上述例子中的IBM股价跌到了70美元。持有股票的备兑期权策略使用者(无论是现金交易还是保证金交易)每股将会有11.8美元的未实现损失。而认购期权备兑期权策略使用者会损失较少。股价为70美元的IBM股票对应的1月份到期行权价格65美元的认购期权的理论价值大约为10美元,那认购期权的损失只有8.9美元。尽管如果到期日时股价为70美元,期权损失的和股票一样多,认购期权备兑期权策略使用者如果平仓将比股票备兑期权策略使用者损失得少。

长期期权(LEPS)的备兑期权策略

正如第二章中所介绍的那样,长期期权(LEPS)是一种期限长(一年、两年甚至三年)而且大多在1月份到期的股票期权。(ETF和指数的长期期权到期时间在12月份。)目前长期期权的标的证券包括300只股票,大部分都是各自期权交易活跃的大盘股。比起短期期权,长期期权可用的行权价格更少,而且它们的交易量通常也较小。

长期期权除了到期期限较长外其他都与一般期权相同,它们可以被用来交换,或者联合其他期权组成多样化的投资策略。你可以卖出长期期权来对冲一只股票构建一个长期备兑期权投资组合,也可以用长期期权来代替持有股票,然后卖出备兑认购期权来对冲它(就像认购期权备兑期权策略一样)。

卖出长期期权对冲股票会给你带来大量的权利金收入,这可以给你提供杠杆,降低你的投资成本。如果卖出一年的长期期权来对冲一只股票,你将有一整年的时间来利用权利金扩大你的收益。更重要的是,获得的权力金可以为你节省很大一部分初始投资。举个例子,你卖出平价或轻度虚值的长期期权来对冲相对低价的股票,你所获的权利金足以支付你利用保证金购买标的股票一半的花费。比如在2003年初,戴尔电脑公司的股价为27.85美元,一份2005年1月份到期的行权价格为30美元的长期期权售价6.5美元。利用最大保证金购买一手股票的最初投资为 1 400 美元,而长期期权 650 美元的权利金收入将投资额降到了 750 美元。杠杆是诱人的,但是,备兑期权策略使用者得考虑在这两年中会发生什么,又会对这样的头寸产生什么样的影响。

另一种更流行的方法是用长期期权来代替标的股票。这和利用其他认购期权实施备兑期权策略一样。因此,这个策略是认购期权备兑期权策略的一个应用。既然你愿意为长期期权付出更多时间价值,那和短期期权相比它有什么优势呢? 其一,长期期权的时间价值贬值更慢。其二,如果你持有长期期权超过一年(没有卖出认购期权来对冲它,那会影响你的持有期限的计算,这在第七章已经说明),你的收益将会按长期税率纳税。另外,长期期权对利率的波动更为敏感,当这些因素都很低时,长期认购期权便是一项有吸引力的长期投资。

但是,你需要注意长期期权与一般期权的区别。比如,时间价值的贬值就存在着些许不同,长期期权的时间价值会在距离到期日只有 6 个月的时候加速贬值。还有一份平价长期期权可能不会增值很多,即使标的股票的股价大幅上涨。那么,就可能会出现这样的情况,长期期权的收益低于你卖出的短期期权的损失,从而你将会亏损,即使你的股票价格上涨。

更多关于长期期权的信息,请看参考文献上的书籍,特别是麦克米伦的另一本书籍《期权投资策略》,以及芝加哥期权交易所的官网(www.cboe.com),该网站有许多关于长期期权的信息包括代码和策略的讨论。

部分卖出、混合卖出以及比例卖出

到目前为止,前面所有的讨论都是假设股票持仓与卖出的认购期权是一对一的对应关系。还假设所有被卖出对冲同一只股票的认购期权都是同系列的(同样的到期月份、同样的行权价格)。更高级的策略就是针对每 100 股股票卖出多于或少于 1 手认购期权,或者卖出不同系列的认购期权。虽然这些策略可以用在几百股股票的小投资组合上,但一般来说,它们还是适用于那些包含有上千股股票的较大的投资组合。在较小的投资组合中,复杂性以及佣金的增加会吞噬这种策略的好处。

部分卖出

部分卖出是额外回报法的一种保守的操作方式。如果你持有至少 500 股特定股票,而且你想要从期权权利金中获得一些额外的回报,但又不希望在股价涨到更高时股票被指派行权交易出去,那你就可以用这种方式。开始你可以用行权价格低于你股票目标价的认购期权来对冲你的部分头寸,如果股价上涨,可以向上滚动头寸(也有可能前向滚动)。通过卖出部分头寸的期权,可以获得额外的期权收入,同时如果股价达到了最初的行权价格,又留有滚动的"空间"。在一开始卖出部分股票头寸的期权不仅让你可以向上滚动到一个更高的行权价格或向前滚动到一个更远的到期时间,还可以让你在之后卖出更多的期权合约并保证仍旧是完全备兑。

你可能用不到这些"空间",但是这会给你信心,即使你的股票价格大幅上涨,你依然可以滚动头寸,而不用在一个极低的行权价格上被指派行权,而且还无需额外增加资金。既然已经确保在股价达到你目标价位之前你不会被指派行权,那你从出售备兑期权中所得的都是净增加收益。

你得做一些计算,考虑一些情况,从而算出如何执行部分卖出策略才是最好的,而且你定的目标价也不能过高。执行的是否有效可能取决于在你滚动之前股价会比行权价格高出多少。

比如,你有1 500股LMN的股票,价格是56美元。你不愿以低于70美元的价格出售,但是没有行权价格为70美元期权可选,或者有但是权利金极低。开始,你可以以60美元的行权价格卖出4份到期月份相对较近的认购期权。如果它们过期失效,你可以卖出同样行权价格下个月到期的期权。如果在你卖出认购期权之后,股价上涨到60~65美元之间,应该将期权的行权价格滚动到65美元。为了确保你获得收入,应该将卖出的期权数增加到8份。(这样,即使行权价格为65美元的期权的权利金只有行权价格为60美元的期权的一半,你依然不需要增加额外的钱。)你也可以向前滚动到到期月份更远的期权。如果股价超过65美元接近70美元,你可能得将行权价格滚动到70美元。现在你卖出的期权数应该加到15份,这样如果被指派行权,你至少可以获得70美元的每股售价。另外,你所有的期权权利金也不断在积累。

这个策略需要时刻监控你的头寸,并相应地滚动期权头寸。当股价波动或当你的目标价改变时,你可能还得重新计算你认购期权头寸的大小。

混合卖出

混合卖出指的是将同一只股票的备兑认购期权分开重新组合,将不同行权价格,或不同到期时间,或者行权价格与到期时间都不同的认购期权组合到一起。这是多样化备兑期权策略的又一个例子,是一种使投资策略适应你特定需求的方法。通过卖出不同行权价格的认购期权,你可以利用这些不同来微调你的盈亏平衡点或最终目标价。将认购期权分配为两个或更多的到期月份可以确保你更有效地分配权利金收入。当你有异常巨大的股票头寸的时候,这种方法特别有用。

比如1月份你以每股45美元的价格买了600股DEF的股票,2月份到期行权价格为45美元的DEF认购期权售价为2.5美元,2月份到期行权价格为50美元的售价为1.15美元。你可能觉得卖出行权价格为45美元的认购期权的话股价上行的空间太小了,而行权价格为50美元的权利金又太少。为了获得一个令你满意的风险收益比,你决定每一种期权卖出3手来对冲你的股票多头头寸。表8－4列出分开卖出两种期权与混合卖出的投资情况对比。

表8－4　　　　　　　　　　混合认购期权卖出的收益

买进售价为45美元的DEF股票600股,同时卖出:	净投资（盈亏平衡点）	不变收益率*	行权收益率*
6份售价为2.5美元2月份到期行权价格为45美元的认购期权	25 500美元	5.6%	5.6%
6份售价为1.15美元2月份到期行权价格为50美元的认购期权	26 310美元	2.6%	13.7%
3份2月份到期行权价格为45美元的认购期权＋3份2月份到期行权价格为50美元的认购期权	25 905美元	4.1%	9.6%

*收益率是基于股票投资的27 000美元计算,不考虑佣金。

如果将不同到期时间的备兑认购期权混合在一起,那分析过程将会变得复杂一点,而本质上是一样的。要么通过行权价格的不同来微调你的上涨空间,要么通过到期月份的不同来调整你的头寸。关键在于混合卖出比卖出单一的行权价格和到期时间的认购期权更具有灵活性。

让你的备兑认购期权跨越不同的到期月份不仅仅可以应用于单个股票,同样对整个投资组合也是适用的。你可以卖出1或2个月的认购期权对冲你1/3的投资头寸,卖出3或4个月的认购期权对冲另外1/3,再用更长期的认购期权来对冲剩下的1/3。这种方式的原理就是让你卖出的认购期权跨越一整年,确保在市场波动或股价较低时你没有卖出你整个投资组合的认购期权。

比例卖出

激进的备兑期权策略使用者相信股价将会在一个特定的价格范围内波动，或者即使股价下跌他们有时对每100股股票持仓会卖出多于一份的认购期权。这种方式就叫作比例卖出，就是在一个基本的备兑期权策略上再加一个无限风险的头寸，因为增加的认购期权头寸是裸的。

采用比例卖出时卖方卖出的认购期权的数量可能是特定股票手数的1.5倍或2倍——举个例子，600股股票持仓，可能会对应卖出9或12份认购期权。这个原理是如果股价保持平稳或下跌，卖方将会比单纯地利用备兑期权收获更多的权利金收入。这提供了更多的下行保护，但代价是要承担股价上行带来的新的风险。如果股价上涨超过行权价格，那卖方获得有股票备兑部分的最大收益，同时股票将会被行权交易。但是额外增加的认购期权空头头寸必须回购平仓，可能会带来亏损。卖方首先归还从备兑期权中获得的收益，然后是出售额外的认购期权所获得的权利金，最后从整体上看是亏损的。另外，没有备兑的期权出售需要保证金，这也会减少账户的购买力。

图8-1显示的是一个2∶1的比例卖出备兑期权与一个普通备兑期权的风险—收益对比。比例卖出备兑期权使得收益线是倒V字形，表示对于给定的股票，不管到期日股价高于还是低于期权行权价格，该策略提供的收益都与标准分布曲线一致。事实上，就如第九章我们将会讨论的那样，你可以在给定波动率的情况下，计算任意比例卖出所带来的可能的收益范围。

如果喜欢比例卖出的思想，但不喜欢上行的无限的风险，可以通过购买更高行权价格的认购期权来规避风险，因为这足够覆盖你的那些裸期权头寸。换句话说，你利用裸期权创造了一个信用价差。当然，这会增加策略的成本，减少收益。比如，在图8-1的例子中你再购买一份售价为0.75美元11月到期行权价格为55美元的认购期权。那你投资头寸的最大收益将从600美元减少到525美元。但是无限的潜在风险也抵消了。最坏的情况是当股价超过55美元时，你只能获得25美元的收益(未除去交易费用)。尽管通过购买认购期权减少了最大收益和最初比例卖出提供的保护，但这并没有改变标的股票股价下跌的风险。

本节讨论的策略略微与基本备兑期权策略有些不同。但该策略展现了超越普通1对1备兑期权的灵活性。在执行这样的策略之前，要时刻记住增加裸期

备兑认购的新洞见

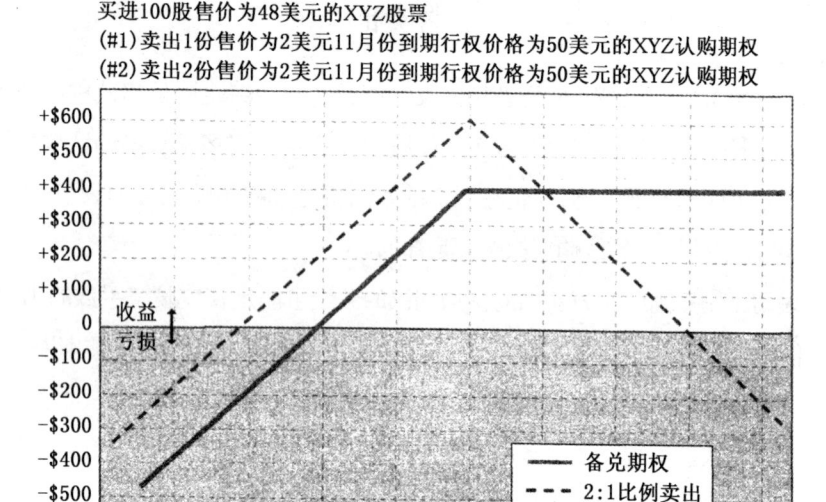

买进100股售价为48美元的XYZ股票
(#1)卖出1份售价为2美元11月份到期行权价格为50美元的XYZ认购期权
(#2)卖出2份售价为2美元11月份到期行权价格为50美元的XYZ认购期权

图8—1 2∶1比例卖出备兑期权的风险/收益

权或者跨越备兑期权会增加交易成本还有保证金要求。另外,你可能还需要你经纪公司的批准。

认沽期权的卖出

整体来看,卖出认沽期权是卖出备兑认购期权的替代策略,因为它们几乎有着相同的风险/收益特征。两者的风险/收益图几乎是一样的,两个策略都是限定收益上限,同时又结合持有的股票带来下跌的风险。

认沽期权的卖方在期权买方行权时有义务按行权价格买进标的股票。比如你卖出一份售价为22美元6月份到期行权价格为20美元的ABC认沽期权,获得2美元权利金收益。如果对方行权,你就有义务以20美元的价格买进ABC股票,但是2美元的权利金收入将会使你的实际支出只有18美元,不考虑佣金。这意味着只要在到期时股价超过18美元,你就是获利的。因此,卖出认沽期权是一种中性—看涨的策略,和备兑认购期权策略一样。

卖出认沽期权时,不需要用股票头寸备兑期权来防止无限风险。这是因为裸认沽期权的无限风险是在股价下跌的时候,并且不会大于持有股票或者卖出备兑认购期权的风险。如果被指派行权,只需要买进股票,伴随着普通的股价下跌风险持有就行了。也可以通过一个股票空头头寸购买其他的认沽期权形成价差来备兑认沽期权,但是那些都是不同的策略了。这里的重点是卖出裸认沽期权与备兑认购期权策略非常类似。

卖出认沽期权的优势

比起备兑期权策略使用者,认沽期权卖方最大的优势在于他们花费更少的钱。卖出认沽期权时,需要留出保证金,要么现金,要么等价的其他证券。一份裸认沽期权的保证金需求是标的股票价格的 20%,如果该认沽期权是虚值的话会更少,加上权利金等于标的股票股价的 10%。(所获的权利金可以用来抵补保证金需求,或者可以放进货币市场基金赚取利息。)这比你购买股票然后构建一个备兑期权头寸花费的要少得多,即使购买股票可以全部依靠保证金交易。另外,这没有算上保证金利息。还有,认沽期权只需要单边交易,而不像备兑认购期权策略需要两边。这意味着佣金将会更少而且只有一个买卖价差需要处理。

利用之前讨论的例子,卖出现价为 22 美元、行权价格为 20 美元的 ABC 的认沽期权,就表示如果股价回调买方行权,你愿意用 18 美元的净价格来购买股票。这也表示,如果买方直到到期日都没有行权,你可以很开心地将 2 美元收入囊中,因为你的麻烦已经没有了而你甚至无须持有股票。作为一个认沽期权卖方,只需冻结少量的资金或利用已有头寸的保证金,便可以收取权利金,而且只有在股价下跌时才需要买进股票。如果股价下跌,可以在被指派行权前滚动或者平掉头寸,就像备兑认购期权策略使用者一样。(因为裸认沽期权是一个单一证券策略,完全平仓要比备兑认购期权策略容易,即使有一些损失,但是就像前面说的,它的佣金也更低。)或者你可以等着被指派行权,购买股票,然后卖出认购期权对冲它。

整体来看,卖出认沽期权比备兑认购期权策略更能适应某些情况。比如有一只你想要持有的股票,但是它的价格已经偏高。你可能会考虑它的价格已经太高不适合用来作为备兑认购期权策略的标的股票。在这种情况下,你考虑卖出一份该股票的认沽期权。通过这种方法,如果股票继续上涨的话你可以获利,而且如果股价跌回到了一个合理的价格——所卖认沽期权的行权价格,你又可以买进。这个方法的主要缺点就是如果股价大跌，远低于该行权价格，你可能就不太乐意了。当然，在备兑期权策略中，也会有同样的遭遇。对于卖出认股期权策略，最大的不足就是当标的股票的价格大幅上涨时，你最大的收益只是卖出期权获得的权利金。

卖出认沽期权的缺陷

卖出认沽期权是一个裸期权策略，因此你的经纪人可能会要求一个更高等级的期权账户资格和更高的最低账户资产要求，可能是 25 000 美元。认沽期权的权利金也比等价的认购期权（到期时间和行权价格一样）的稍微低一些，而且流动性也差一些。由于你没有持有股票（除非被指派行权），也就没有股利分红。注意，如果你被指派行权，需要有足够的资金或保证金来购买相应的股票，这会比建立裸期权头寸 20% 的要求要多。

由于出售认沽期权存在杠杆，无需现金或保证金便可以执行这一策略（它只需借助保证金账户，但并不产生借方余额），这比备兑认购期权策略要容易得多。经纪公司也知道这些，所以他们额外增加了对保证金或账户最低资金的要求。因此你需要对卖出的认沽期权的头寸大小以及股票类型有一个清晰的认识。

隐含波动率和价值高估

货比三家是美国人的生活方式。投资中一次成功的购买与买电脑、买车一样。股评家和分析师经常告诉我们某某股票在盈利模式、资产价值、产品线或其他资产上是被低估的。同样，期权也可能被高估与低估。正如第二章中讨论的，被运用最广泛的期权定价工具是布莱克—斯科尔斯公式。

这个公式可以根据行权价格、到期时间、利率还有标的股票价格与波动率来计算任何股票期权的理论价值。即使将不同时期的波动率代入公式进行不同计算，现实中，市场给期权的定价可能高于或低于它的布莱克—斯科尔斯理论价格。那是不是意味着布莱克—斯科尔斯公式是有错误的呢？不是的。这意味着，由于公式中的其他变量都是可以精确获得的，除了波动率，所以市场给期权定价时使用的波动率与定价公式使用的可能会有不同。换句话说，期权的市场价格包含的波动率是股票在这段时间波动率的预测值，和历史波动率是不同的。

这种由市场价格推出的波动率预测值,称为隐含波动率。

比如,在2002年末,亚马逊的股票价格为20.3美元。根据该股票30天的波动率为34%,2月份到期行权价格为20美元的认购期权(距离到期日还有57天)的理论价格为1.25美元。但是市场对该期权的定价却是2.4美元,隐含波动率为70%。如此高的隐含波动率部分原因可能是该股票因圣诞节零售业销量比预期下降的消息而下跌了10%。无论什么原因,期权的市场价格预示着在随后的60天亚马逊股价的波动率将会是之前30天的两倍。至于这个预示是不是正确的就是另外一回事了。

有效、无效以及高估

比较一下,下面两份期权,哪种更好:售价为1.75美元,5月份到期行权价格为30美元的ABC认购期权,ABC股价是30美元;售价为3.5美元,5月份到期行权价格为30美元的DEF认购期权,DEF股价为30美元。答案是,从所给的信息中你无法得出结论。当然,DEF有着更高的潜在行权收益率和不变收益率。但是它同样也有更多的下行风险,因为该期权价格隐含了高波动率,而且理论上波动是不定方向的。你也不知道哪份期权是被高估的。

在一个理想的情况下,上述两份期权的隐含波动率将会正确代表相应股票价格未来的走势,这意味着不同波动率的标的股票对应的期权都被正确地定价,且这两个备兑期权的期望收益率都会相等。(期望收益率是多次重复同一行为后理论上所能获得的平均收益率。)

然而,我们都知道,这个世界并非理想化的,期权市场也是一样。期权买方总是要付出多于理论价值的钱是因为,即使在一个很高的价位,期权合约依然代表着大量的杠杆。一些花2.4美元购买2月份到期行权价格为20美元的亚马逊认购期权的人会争论说如果股票上涨到了25美元,他们就可以有5美元甚至更多的收益,期权还是比较划算的。这种观点是错误的。一份期权能够出售获得收益并不能改变在购买的时候它可能被高估的事实。如果上述认购期权最初的定价是1.25美元,当股价上涨到25美元,买方将可获得的收益差不多是之前的三倍。

价值高估体现了一个统计学的前提,如果持有至到期日的话,被过高定价的期权对于卖方比买方要更有利。

价值高估对期权影响的公开统计数据很难找到。然而，如果布莱克—斯科尔斯公式是有效的，而且期权的高估实际上是由于买方偶尔的愿意出高价的意愿引起的，那么长期来看卖出高估的期权是有优势的。寻找一份最好的备兑期权的关键不仅仅是寻求高的权利金，而是寻求一种期权预测的波动率比股票实际表现的要大的情况，换句话说，就是高估的情况。在这个意义上来讲，高估是理论上的，因为证明是否高估的唯一办法就是看看股票未来的波动率。没有占卜的水晶球，我们又将如何做到呢？

将所有期权价格与布莱克—斯科尔斯理论价值对比是一个开始，但是你将会面临的第一个问题就是布莱克—斯科尔斯公式是否能给你一个准确的理论价值。将不同的波动率代入公式，会得出完全不同的结果。而且，就像第二章提到的那样，不同的分析师使用不同时期的历史波动率，从最近的30或50天到最近100或200天。结果将会相差很大，如表8—5所示。

表8—5　　　　　　　　隐含波动率与历史波动率对比

代码	历史波动率			隐含波动率	#天数	百分比
	20天	50天	100天			
MERQ	91	82	85	69	599	11
MSFT	49	54	51	35	600	21
HD	63	65	52	36	599	35
ORCL	63	72	73	63	600	39
NVDA	172	136	112	99	599	65
PTR	34	33	28	59	492	91
Z	64	54	46	73	571	91
CAL	101	85	71	106	593	96

数据来源：麦克米伦分析公司。

第二个问题就是当把期权价格代入布莱克—斯科尔斯公式时，每一个可选的期权都对应着一个隐含波动率。有时，不同行权价格和到期月份的期权的隐含波动率相差很大。那么哪个才最能代表整体的隐含波动率呢？

在投资公司中这些问题没有标准答案，而不同的处理方式会更加复杂。这里介绍一种代表性的方法，也是本书合著者期权权威专家劳伦斯·麦克米伦使用的方法。麦克米伦先生已经在麦克米伦分析公司运用这个方法十几年了，该公司是专门研究期权策略的。但是,记住,麦克米伦的这个方法是有专门的适用条件的,可能不能被用作他处。

麦克米伦研究那些相对于历史隐含波动率和历史实际波动率来说出现高估的期权,与布莱克—斯科尔斯理论价格进行对比。第一步是计算所有具有上市期权股票的三个历史波动率(20天、50天还有100天),得出它们的波动率是增加了还是减少了,变动了多少。第二步,根据每一份期权的成交量以及实值或虚值的程度,给它们的隐含波动率赋予相应权重,成交量最大的而且行权价格最接近当前股价的赋予最大的权重。将这些波动率加权平均得出该股票的复合隐含波动率。然后与过去600天的计算结果进行比较,确定现在的复合隐含波动率比百分之多少的历史复合隐含波动率高。比如,95%代表现在的复合隐含波动率比过去600天(或者过去所有的可用天数)中95%的隐含波动率要高。

表8-5显示的是2002年末麦克米伦分析公司报告中随机选择一些股票的历史波动率与隐含波动率。隐含波动率栏指的是当前的复合波动率。♯天数栏表示与当前波动率进行比较的历史波动率的天数,百分比栏显示了超过的数量的百分比。

投资者从这些表中的数据应该可以推断出以下几点:

● 美科利公司(MERQ)、微软(MSFT)和家得宝(HD)的期权是被低估的,因为它们的隐含波动率低于它们20天、50天、100天的历史波动率,低于大多数它们以前的波动率。

● 相比于那些较低波动率的股票,像MERQ这种股票的隐含波动率将会创造更高的期权权利金。但是如果没有反映出实际股票的波动率,它的期权可能依旧是被低估。

● 根据给出的历史数据来看,甲骨文(ORCL)的期权是被公平定价的。

● 英伟达公司(NVDA)的期权的当前隐含波动率虽然很高,但是依旧没有完全反映该股过去几个月波动率的增长。

● 根据过去的波动率与历史隐含波动率来看,中国石油(PTR)的期权被高估。

美国大陆航空(CAL)的期权相对过去两年存在高估,但是在最近的20天它的价格是公允的。

正如上面提到的,任意期权的价格可以导出标的股票的隐含波动率,所以你可以通过不同的期权得出不同的结果。这就是为什么麦克米伦要给所有可用的期权建立相应权重，然后才确定股票整体的隐含波动率的原因。通常这些期权之间相差甚大。对于同一只股票，一些期权可能被低估，而还有一些可能被高估。这就称为波动率偏离。这是由于对具有一定行权价格或到期月份的期权的供求不平衡导致的。有时也与公司的经营状况有关。举个例子，一只医药或生物技术股票的期权在 10 月份被高估的可能性比其他月份高，因为 FDA 在 10 月初发布关于有潜力新药的报告。

可以利用这些差距上的期权价差来获利。然而，对于备兑期权策略使用者，关键是从一系列不同的期权中找出最好的一份期权，卖出来对冲给定的股票。如果有偏差，尽量找出其原因——比如看看是消息还是大事件导致的。看一看媒体关于公司的最新报道，那通常会有一些线索。

有趣的是，在芝加哥期权交易所，指定的主要做市商们通过调整股票的波动率假设来调整特定期权的买卖双方。现在，报价都是计算机化的，因为每当股价波动时报价太多人工难以调整，而电脑可以利用布莱克—斯科尔斯公式来确定买价与卖价。当受消息或重大事件影响股价异常波动时，那些为公众提供买卖价格的做市商们只需调整特定股票的假设波动率，因此提高所有该系列期权的买卖价格只需要按一下这个按钮。

到期博弈

任何一个使用期权策略的人都会知道到期时间的重要性。在到期日前的最后一个交易日（星期五），对期权以及它们的标的股票会有多种多样的交叉操作。这些买卖活动中最为重要的就是针对到期期权所采取的行动。有时像什么事都没发生过，有时它们又会对当天的成交量以及股价波动产生明显的影响。

预测一只股票在到期日之前的星期五收盘价是多少几乎是不可能的事情。然而，你可以从期权对当天股价的影响上获得一些线索。未平仓合约数就是关键。如果在到期时认沽或认购期权的未平仓合约数很小——就几百张合约，那期权对股价的作用力就会很小。相反，如果在星期五有成千上万张到期期权处于实值状态，那期权出售的意愿将会很强，因为大多数期权持有者更倾向于出售而不是行权。这些期权的买方将主要是交易所的做市商，因为他们有义务提供一个市场，而且他们也打算对冲他们的股票头寸。

比如，有10 000份行权价格为40美元XYZ的认购期权到期，而且股票的现价为40.65美元。许多该期权持有者将会出售期权来平仓。做市商则会买进这些期权，然后通过行权来获得现金。这些做市商很有可能会在买进认购期权的同时卖出股票空头，来锁定当前的价格。然后，过了周末，他们会行权以行权价格买进股票，平掉他们所有头寸。因为这个过程涉及做市商在最后一个交易日卖出股票，所以在交易日的最后时刻，这将推动股价朝着行权价格下跌。

认沽期权的未平仓合约数将预示着相反的过程。如果股价低于行权价格，而且认沽期权未平仓合约数很大，期权持有者会卖出认沽期权来平仓。做市商买进这些认沽期权，然后买进股票来对冲，最后行权卖出股票，平掉所有头寸。在这种情况下，做市商买进股票，因此会推动股价朝着行权价格上涨。

当认沽期权的未平仓合约数与认购期权的未平仓合约数接近时，那期权的合力将驱使股价向行权价格靠近。这种现象的证据可以在第五章的描述中找到。一个有1 000个不同到期日的期权样本显示，股价与行权价格相差1美元之内的概率为40%（正好符合随机分布的预测），而相差0.5美元的概率为28%（随机分布的预测为20%）。

当股价围绕行权价格波动的时候，持有者和卖出者都处于紧张状态。如果你已经卖出了行权价格为40美元的XYZ的认购期权，而在到期日之前的星期五股票价格在39.75～40.25美元之间波动。你便得纠结是什么都不做还是滚动认购期权到下个月来防止被指派行权。两种方法哪种好，取决于你是否想要继续持有该股票并重新卖出认购期权来获取现金进行再投资。最好的方法是要么早几天决定你的计划，要么被动接受最后的交易日发生的一切。

期权—股票套利

介绍期权套利策略的意图并不是支持单个投资者采用该策略，而是为了增加投资者关于套利对期权市场影响的理解。套利是利用股价与特定行权价格下认沽或认购期权价格的关系进行投资，适用于股票期权。套利可以通过买进股票，同时买进认沽期权并卖出认购期权来减少风险，这些期权必须具有相同的行权价格与到期时间。这种组合称为转换套利。（另一种相反的方法，股票空头、认沽期权空头、认购期权多头，称为反转套利。）

示例：

买进 IBM 股票

买进 1 月份到期，行权价格为 70 美元的 IBM 认沽期权

卖出 1 月份到期，行权价格为 70 美元的 IBM 认购期权

执行三个头寸，成本低于 70 美元

在到期日时，如果 IBM 股价超过 70 美元，股票将会被以 70 美元的价格行权交易出去。如果股价低于 70 美元，套利者可以执行认沽期权，以 70 美元的价格卖出股票，总之，在 1 月份的到期日时套利者可以获得 70 美元的股票售价。一旦转换套利被执行，收益便可以保证，而且没有佣金，因为套利者是通过交换而非交易，但是建立这些头寸需要有一些花费。这就是利率可以影响期权价格的地方。如果锁定的收益比建立头寸的花费多，套利者就会构建套利头寸。所以，当利率很高时，套利者必须建立一个总收益更高的头寸，就意味着他们要么从认购期权中获得更多，要么在认沽期权中花费更少。

这样的套利行为有助于同一只标的股票的拥有相同行权价格与到期月份的认沽与认购期权之间维持一种关系。如果例子中的 1 月份到期行权价格为 70 美元的认购期权的需求增加，而股票或者认沽期权的需求并没有增加，那它们的价格将会上涨，就给套利者提供了具有吸引力的转换机会。他们将会卖出认购期权，同时买进股票和认沽期权，从而使得股票与认沽期权向认购期权的升值看齐。当然，其他因素也同样发挥着作用，比如行权价格的差距与到期日的差距。这就是认购期权权利金的上涨并不意味着股价的上涨的原因。在这种套利的作用下，认沽期权需求的增加，将导致具有相同行权价格的认沽期权与认购期权的价格都出现上涨。

很多经纪公司已经采用了期权—股票套利策略多年。为什么不呢？这是无风险的，而且是利用借贷资金。为什么不去喜欢这个策略呢？这个策略对市场也是非常有利的，因为它可以使认购期权与认沽期权的价格保持和谐，可以预测与标的股票之间的关系，而且对市场整体都是有益的。

第九章 备兑认购期权策略的一些工具

我们这一代的焦虑大多是因为我们想要利用昨天的工具来做今天的事情。

——马歇尔·麦尔卢汉(Marshall McLuhan)

- 期权链
- 搜索工具
- 计算器
- 一些优秀的期权软件介绍
- 这些资源会花费你多少？
- 备兑期权策略使用者可利用的网络资源

你不利用本章所讲的任一工具，也可以成为一个备兑期权策略的使用者。严格来说你甚至不需要电脑。你可以通过一个拥有所有适用工具的资深经纪人买进股票并且卖出认购期权。而且如果你只是偶尔卖出认购期权，你的经纪人又精通期权，那事情将进展得很顺利。

但是，既然你读了这本书，你可能是(或者想要成为)管理自己或他人账户的重要角色。对于你来说，工具的援助将会成为执行这个策略的关键。如果你打算管理一个价值上万或上十万美元的投资组合，你必须竭力去学会运用这些工具。

无论你觉得互联网对于商业的实用性到底有多少，在处理大量数据以及使这些数据为观察者所用方面互联网做得非常棒。这使得它成为一个创造股票和期权工具的天然场所。现在网上可用的软件与数据可以使任何一个个体投资者向专业投资群体看齐，甚至经常超过他们。本章将为你介绍一些可用的工具与服务，来帮助投资者更好地执行备兑期权策略，重点是那些网上的可用资源。注意这里提到的只是可用资源中的一小部分。一些供应商和经纪公司会给备兑期权策略使用者提供高质量、价格合理或者甚至是免费的工具。从你开始寻找你的经纪人或经纪公司的时候，工具供应就已经开始了。

期权链

正如第七章所讲的，一个期权链就是一份特定股票的期权清单。这可以确保你快速查看有哪些行权价格和到期月份可供选择，以及期权的价格、流动性等。如果不通过期权链你要想获得同样的信息，你得知道所有期权的代码并且逐一找出它们的报价。这样的工作将会是非常繁琐而且费时的，即使你只是针对一只股票。

如果你是在线经纪公司的客户，极有可能免费获得基本期权链。也可以通过类似由芝加哥期权交易所运营的 www.cboe.com 网站免费获得期权链，美国交易所运营的 www.amex.com，还有 www.pcquote.com，这是一个投资网站，里面有报价、资讯以及工具，由 HyperFeed Technologies 公司提供。想要获得期权链，通常你只需输入股票名称或代码，剩下的就交给网站软件来完成。一些服务商提供实时价格的期权链；还有一些提供的价格有 25 分钟的延迟，或者提供收盘价。

至少，通常你可以看到期权按到期月份排列，显示有代码、行权价格、最新的市场价格、当前的日成交量以及未平仓合约数。在更详细的期权链中，你还可以看到最新的买价与卖价、布莱克—斯科尔斯理论价格，还有行权收益率以及不变收益率。图 9-1 是源自 PowerOptionPlus 的期权链，PowerOptionPlus 是一家在线备兑期权策略使用者的服务商（可以通过注册会员获得相关信息）。它除了提供所有上面提到的信息外，还有额外的信息，如股票隐含波动率以及股价在到期日时超过行权价格的概率。

第九章
备兑认购期权策略的一些工具

这样的期权链显示了所有可选认购期权的每个月的行权价格、代码、权利金、成交量、理论价格等。

资料来源：PowerOptionPlus。

图 9－1　来自 PowerOptionPlus 的期权链

大部分期权链是根据当前股票的价格来计算的。当然，这也正是你想要用来确定所有可能备兑期权组合潜在收益率的信息。但是如果你已经持有了某只股票，可能就会想要看看根据你买股票时的股价计算的项目收益率。PowerOptionPlus 确保你可以做到（如图 9－2）。你也可以根据期权特定的回购价格来计算收益率，以防你想提前平仓或滚动头寸。

输入股票价格或者期权回购价格，可得到任何备兑期权组合的项目收益率。

资料来源：PowerOptionPlus。

图 9－2　PowerOptionPlus 期权链的输入对话框

搜索工具

任何时候都有约 2 300 只股票和 50 000 份认购期权可供选择,那一个搜索工具的好处也就显而易见了。这样的由应用软件组成的工具通常根据你的选择标准来对候选标的进行排序,以确保你可以梳理股票池与所有可选期权,从而构建符合你的标准的组合。你可以运用搜索工具来看看广阔的市场中存在的机会,也可以重点关注那些基本面将会改善或有助于平衡你投资组合的股票。也可以找出特定的列表,如价值线(Value Line)或者标准普尔研究列表,从这里面物色。

像 PowerOptionPlus 的 SmartSearchXL 的服务系统通过你输入的期权标准和股票基本面的数据范围,以及任意 25 个变量,将搜索结果进行分类。图 9-3 说明了选择参数的对话框;图 9-4 显示了部分搜索结果。

资料来源:PowerOptionsPlus。

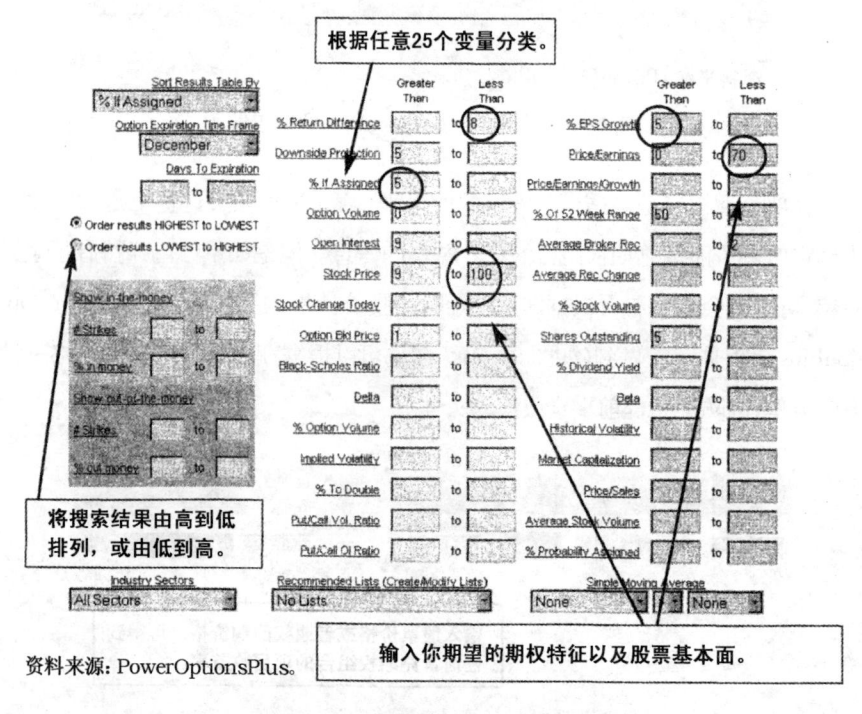

图 9-3 搜索功能的输入对话框

Rick Lehman's Covered Call SmartSearchXL Results

Tuesday, 10/22/2002 2:33:03 PM EST - 20 minute delayed　　December ordered by Assigned - Filtered

Stock Sym	Last Stock Price & Chg.	Option Sym	Expire/Strike & Days To Exp.	Opt. Bid	Opt. Vol.	Open Int.	% Opt. Vol.	Prtsd. Prot.	% Assnd	% Epsg	P/E	P/E/G	% Of Rnge	Avg. Rec. (#)	% Vol	Delta
TTWO	25.72 (-1.91)	TUOLE	02 DEC 25.0 (60)	3.90	115	558	129	15.2	14.6	33	19	0.57	76	1.9 (15)	100	0.60
COCO	35.58 (-3.63)	UCSLG	02 DEC 35.0 (60)	4.60	6	10	211	12.9	13.0	32	41	1.27	84	1.4 (5)	96	0.58
SPW	95.34 (-16.01)	SPWLT	02 DEC 100.0 (60)	6.50	83	221	296	6.8	12.8	45	16	0.35	57	1.4 (9)	107	0.43
PSUN	22.00 (-0.31)	PVQLX	02 DEC 22.5 (60)	2.00	9	286	51	9.1	12.5	20	22	1.11	66	1.6 (16)	49	0.51
MGG	33.29 (-1.21)	MGGLG	02 DEC 35.0 (60)	1.75	31	701	12	5.3	11.0	70	28	0.40	58	1.8 (19)	91	0.42
CHS	19.53 (-0.63)	CHSLD	02 DEC 20.0 (60)	1.50	2	10	126	7.7	10.9	16	31	1.98	89	1.8 (13)	106	0.52
ERTS	66.82 (-5.32)	EZQLN	02 DEC 70.0 (60)	3.70	92	1503	181	5.5	10.9	94	63	0.67	75	1.5 (19)	128	0.40
LEN	57.53 (-2.30)	LENLL	02 DEC 60.0 (60)	3.30	6	50	114	5.7	10.6	7	8	1.15	80	1.4 (11)	99	0.46
MIK	44.00 (-1.37)	MIKLI	02 DEC 45.0 (60)	3.30	4	487	105	7.5	10.6	19	24	1.28	74	1.3 (12)	86	0.51
PIR	19.24 (-0.99)	PIRLD	02 DEC 20.0 (60)	1.15	4	438	91	6.0	10.6	8	16	1.97	63	1.6 (11)	58	0.48
LOW	42.93 (-1.47)	LOWLI	02 DEC 45.0 (60)	2.15	142	158	414	5.0	10.3	7	26	3.53	60	1.7 (21)	86	0.48
SPW	95.34 (-16.01)	SPWLS	02 DEC 95.0 (60)	9.00	86	54	296	9.4	10.0	45	16	0.35	57	1.4 (9)	107	0.55
CAI	38.89 (+0.31)	CAILH	02 DEC 40.0 (60)	2.50	3	464	46	6.4	9.9	19	33	1.69	88	1.5 (11)	116	0.50
DP	43.38 (-0.60)	DPLI	02 DEC 45.0 (60)	2.40	10	149	177	5.5	9.8	10	28	2.86	57	1.0 (2)	278	0.38
CMX	17.30 (+0.68)	CMXLW	02 DEC 17.5 (60)	1.20	516	2280	287	6.9	8.7	16	19	1.18	54	1.4 (16)	98	0.52

本搜索列表是所有满足你标准的备兑期权，并按收益率排序。

图 9—4　搜索结果

计算器

有许多计算器可用来对你从期权链或研究中找到的标的进行补充。它能很容易地对不同的头寸进行假设性分析,你可以输入与一般搜索工具默认数值不同的数据。

麦克米伦分析公司创建了一个网站 www.optionstrategist.com,在那里你可以免费使用备兑认购期权计算器(如图 9—5)。当你输入某份期权的数据时,计算器会分别输出现金与保证金的账户收益率、盈亏平衡价格。

PowerOptionPlus 提供布莱克—斯科尔斯计算器(如图 9—6)。这让使用者可以根据不同的变量值自己来计算期权理论价格。如果你想输入一个与一般计算器不同的假设波动率,这个计算器特别合适。

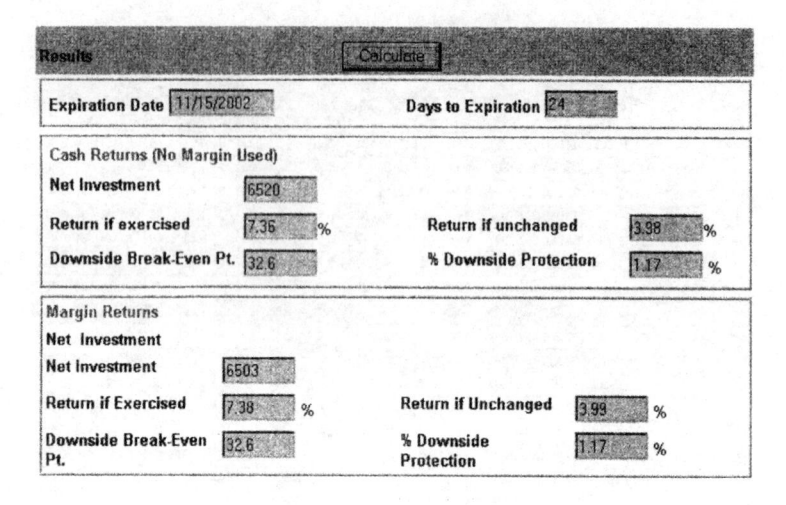

图 9—5　备兑期权计算器

图 9—6　布莱克—斯科尔斯计算器

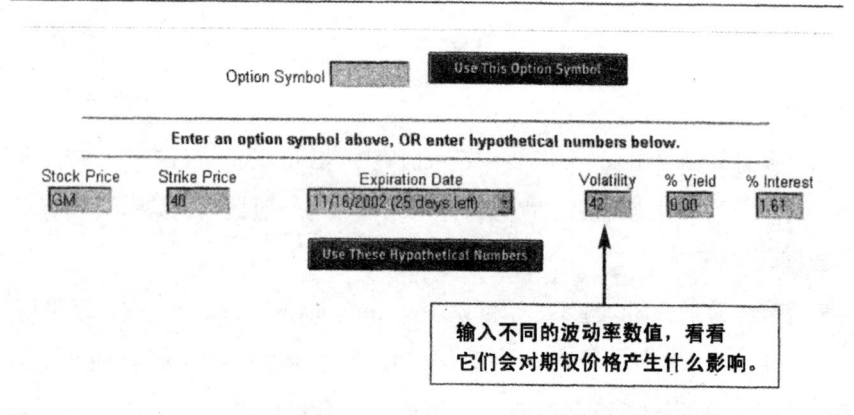

资料来源：PowerOptionsPlus.com。

概率分析

当你评估备兑期权候选标的的时候，潜在收益率是很重要的，但是你可能还想知道实现潜在收益率的可能性是多少。这取决于标的股票股价触碰到特定期权行权价格的可能性。比如，你发现一个潜在的备兑期权机会，该股票股价为

12美元,拥有两或三个月到期、行权价格为30美元的认购期权,尽管它有着极大的潜在行权收益率,但你应当避开它,因为在这段时期该股票股价达到行权价格的可能性非常小。在做这样的决定时,你应该考虑类似市场情绪、经营前景等因素。电脑程序对此帮助甚微。然而,它可以根据历史表现计算某只股票到达某个价位的概率。

麦克米伦期权策略网站免费提供简便的概率计算器,它可以根据股票历史波动率,告诉你某只股票在到期日时到达指定价格的可能性(利用标准对数正态分布)。该网站的策略空间选择系统可以提供分析工具以及数据来帮助构建期权策略,该系统的用户可以通过蒙特卡罗计算器完成更进一步工作。蒙特卡罗是利用模拟的场景来得出股票到达各种不同价位的可能性,美国宇航局也用同样的方法来模拟太空飞船失败的可能性。蒙特卡罗计算器不仅可以根据它的一套模拟方法获得更多的精确概率,而且还可以预测任何时期股票到达目标价的可能,而不仅仅局限于到期日那天。因此,它特别适合用来根据假设情况做出战术决策,比如在备兑期权策略中滚动期权头寸。

对于用户来说,策略空间页面也会发布备兑期权日常表格,里面有根据蒙特卡罗模拟计算出来的概率。这份表格会显示某个备兑期权的标的股票股价达到下行盈亏平衡点和上行盈亏平衡点的概率(盈亏平衡点是指备兑期权实现盈利的临界价格,还有单纯持股比备兑期权策略好的临界价格),还有该股价在到期日时达到行权价格的概率,因此可以得出备兑期权的最大收益。该表格还列有预期收益率。这是先根据标的股票在到期日的不同股价情况得到的备兑期权不同的收益率,再用股价达到相应价格的可能性对所求的收益率进行加权平均,最终得到预期收益率。因此,这里预期收益率是大量相同备兑期权反复预期的平均值。表9—1展示了一个例子,其中备兑期权按年化预期收益率排序。

表9—1 按年化预期收益率排序的备兑期权

股票代码	价格	行权价格以及到期月份	认购期权价格	行权收益率	年化行权收益率	达到下行盈亏平衡价概率	达到行权价概率	达到下行盈亏平衡价概率	期望收益率	年化期望收益率
ISIS	11.25	12.5A	3.69	62.5	148	65	46	36	23	54.1
VXGN	9.75	10.0B	3.31	52.2	101	71	49	34	24	45.9
RMG	8.38	10.0L	1.88	50.8	147	61	41	34	13	38.8
ENDP	8.63	10.0I	0.63	22.8	238	59	30	25	4	38.5
CAL	8.63	10.0I	0.75	24.8	258	58	35	29	3	34.7

续表

股票代码	价格	行权价格以及到期月份	认购期权价格	行权收益率	年化行权收益率	达到下行盈亏平衡价概率	达到行权价概率	达到下行盈亏平衡价概率	期望收益率	年化期望收益率
IMCL	9.25	10.0K	1.88	33.1	133	64	45	35	9	34.3
RFMD	8.13	15.0B	0.56	95.1	184	53	19	18	18	34.3
NOVN	12.88	15.0I	0.88	23.6	246	58	32	27	3	33.3
EAGL	10.00	12.5I	0.38	28.0	292	54	20	18	3	32.3
QSFT	10.00	12.5J	0.88	35.0	203	57	31	27	6	32.1
PMCS	8.63	10.0K	1.31	34.2	137	61	39	31	8	31.1
IMCL	9.25	10.0B	2.69	49.3	95	65	46	36	16	30.4
FFIV	14.00	15.0J	2.00	23.6	137	63	44	34	5	29.0
DPMI	27.00	30.0I	1.63	17.6	183	59	34	27	3	28.7
AEM	13.50	17.5I	0.25	30.7	320	52	14	13	3	27.7
ISIL	19.13	20.0I	1.94	15.4	161	63	44	33	3	27.5
UTSI	14.25	15.0I	1.25	14.1	147	63	42	31	3	27.5

资料来源:麦克米伦分析公司

CallWriter.com 是一个由金融公司——LogiCapital 公司——建立的会员制网站,这里提供一个叫作头寸管理计算器的工具(如图 9－7 所示)。这个计算器帮助用户优化他们的备兑期权头寸。该计算器通过计算一些后续行动的潜在收益率来实现这一目的,比如它可以对比滚动认购期权头寸与继续保持当前头寸的潜在收益率。

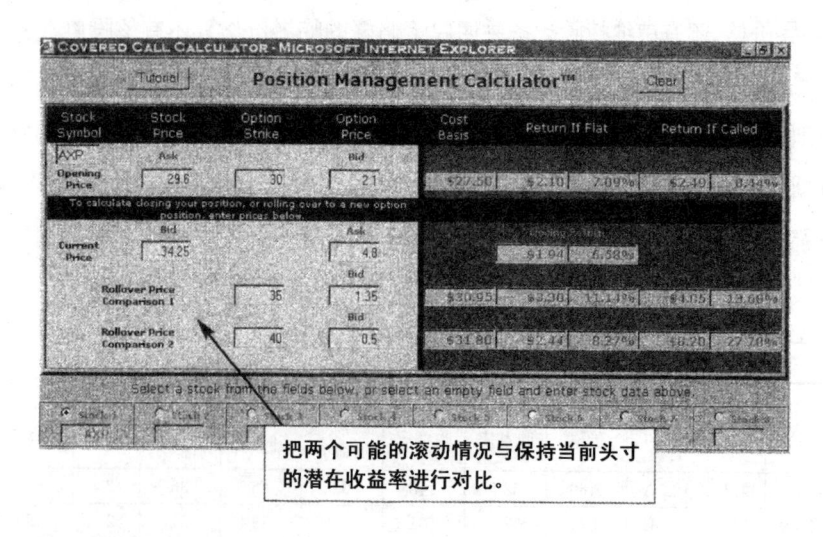

资料来源:CallWriter.com。

图 9－7　头寸管理计算器

一些专业的期权软件介绍

正如之前介绍的,只要你想,备兑期权可以至繁或至简。许多个人投资者,特别是那些想要卖出自己已经持有股票的认购期权的,可以利用他们经纪公司提供的在线数据有效地执行一个基本的备兑期权计划。然而,对于那些想要更广泛地运用备兑期权策略的投资者来说,期权软件就比先前讨论的那些工具更具优势。比如 OptionVue Systems Internation(www.optionvue.com)的 Option-Vue5,还有麦克米伦分析公司的 PowerAnalyzer 提供如下功能:(1)强大的、实时的期权分析;(2)多重策略分析;(3)风险管理能力;(4)高估/低估列表与筛选;(5)可能性分析;(6)波动率表。

无论你使用什么工具,记住它们只是简单地处理数据、进行计算并且得出结果。你需要尽力去弄清结果的准确性。比如,电脑可能会用一份失真的标价表来计算项目报酬率。评估哪个项目最后也要取决于你。电脑并不知道为什么某份备兑期权看起来这么好;它只是把它看到的东西呈现出来。比如,某只股票的认购期权的权利金可以提供具有吸引力的收益,而这只股票本身对你来说风险太大。在你要投资电脑软件给出的任何股票或期权之前,先得评估一下这些可能性。

这些资源会花费你多少?

如果你担心本章所提的工具的花费,那你大可放心。大部分这里讨论的信息都是免费的,即使不是免费的也很便宜。报价以及基本的期权链在许多网站上是免费提供的,在后面的两页会列出一些网站。大多数经纪公司也会在网上向他们的客户免费提供这类信息。如果你的经纪公司没有免费提供报价或期权链,那你大可换一家有的。另外,本章提到的一些网站会提供额外的免费工具,比如计算器以及各类图表。

至于会员制服务商和软件产品,它们当然会要求不同的价格。然而,你会发现许多会员制服务商最开始要价也是在 20~50 美元一个月。相对于这些服务商可以提供的好处,这样的花费是十分值得的,即使是对一个小额账户来说。许多成熟的服务商和软件会提供一些包含版权的投资策略和调查结果,这肯定会需要更多钱,你需要评估其是否能为你带来额外的利益。

备兑期权策略使用者可利用的网络资源

网址	所属组织	简介
www.amex.com	美国证券交易所	该网站主要提供报价、代码以及期权链,还有一些关于股票、期权和ETF的教学信息(免费)
www.cboe.com	芝加哥期权交易所	该网站提供报价、代码、期权链、期权披露文件、学习中心、买卖指数、计算器以及税收信息(免费)
www.optionsclearing.com	期权清算中心	期权清算中心主要负责处理期权交易,运营该网站,向访问者提供资讯、期权调整、市场统计数据以及行业信息(免费)
www.optionscentral.com 和 www.888options.com	期权理事会	期权理事会是一个专注提供期权教育的非营利组织。该网站包括学习中心、培训信息以及线上书店(免费)

服务商

网址	所属组织	简介
www.pcquote.com	PcQuote.com	HyperFeed科技公司的一家子公司,该网站提供报价、资讯以及期权链(免费、会员制)
www.poweropt.com 或 www.poweroptionsplus.com	PowerOptionsPlus	PowerOptionsPlus是一家在线服务公司,该网站提供期权计算器、搜索工具、期权链以及关于备兑期权策略和其他策略的评论。会员可直接链入提供股票研究和图表的网站(免费、会员制)
www.callwriter.com	LogiCapital.com	该网站提供每日精选、实时期权列表以及头寸管理计算器(会员制)
www.optionvue.com	Optionvue系统	Optionvue系统国际是一家软件开发公司,重点是期权交易的最先进的分析系统。该公司的创始人莱恩·耶茨(Len Yates)曾经是期权交易者,也是分析软件的权威专家(会员制)

第九章 备兑认购期权策略的一些工具

图表类网站

网站	公司	描述
www.bigcharts.com	市场观察(MarketWatch.com,Inc.)股份有限公司	该网站是一个投资研究网站,提供专业的研究工具比如交互图、报价表、行业分析、日内股票分时图、市场咨询、历史股价以及股评(免费)
www.stockcharts.com	股票图表股份有限公司(StockCharts.com,Inc.)	该网站提供报价、代码、期权链(免费、会员制)

作者网站

网站	公司	描述
www.coverdwriter.com	莱曼投资咨询公司	莱曼提供一般的备兑期权策略的参考信息,对在线会员额外提供日常建议、市场评论以及简单的投资组合(免费、会员制)
www.optionstrategist.com	麦克米伦分析公司	麦克米伦分析公司提供关于期权策略的数据、报告、评论、分析和工具。该网站还提供在线培训、电话热线以及会员通信邮件服务(免费、会员制)

后 记

备兑认购期权策略将会改变你对投资的想法。除此之外，它会改变你的选股过程、你的投资期限、你的期望以及你的退出策略。最终决定你是否采用备兑认购期权策略作为持续使用的投资策略的不是持有期内回报率的不同，而是你消化这些改变的能力。即使是一个十分基础的执行策略，你也能够从中获益。然而，别在其中犯错。备兑认购期权策略是一个急需亲手实践的策略。你或许不用花太多心思就能够针对你的一两只股票头寸卖出认购期权，但如果你想将备兑认购期权策略作为主要的投资策略，需要做好每个月对你的投资组合做一些调整的准备。

书中的章节已经将备兑认购期权策略介绍完毕了，包括它的基本原理以及执行过程中必要的工具。最后的这一部分将给出作者在书中所展现的理论知识应用到实际操作中的步骤。在备兑认购期权策略的众多优势之中，我们发现如下几点是最具吸引力的：

● 可灵活地对任何股票头寸的风险/收益情况进行定制，并在任何时点改变这一风险/收益情况。将认购期权添加进股票投资中后产生的灵活性是其他任何投资工具都无法媲美的。个股总是存在着大量的风险与机会。然而无论对股票后市的期望如何，总能找到与之相适应的备兑认购期权策略。例如，作者会对一些长期具有潜质和一些在接下来的一周很可能发布重要公告的股票卖出备兑认购期权。我们同样能对一些走势十分强势以及暴跌的股票构造备兑认购期权策略。

- 无论市场行情如何,至少能获得一些时间价值收益的能力。作者会观察大量的技术指标,以寻找市场短期的走向,并希望能从市场主要趋势中获利。但很多时候,市场并不会按照期望的那样运动。但无论市场行情如何,备兑认购期权策略总能时刻为投资者发挥作用。

- 长期来看,等于或超过大盘收益率的能力。书中提到过的研究表明,长期来看,基本的备兑认购期权策略能够提供股票市场大盘回报率。然而,作者的方法则会更加激进,旨在超过股票市场大盘收益率。类似于工程师使用精巧的设计来更好地发挥汽车引擎的动力,我们使用备兑认购期权策略来从股票市场中获得更多的收益。

- 在一些特殊情况下,能使情况朝着对你更有利的方向发展。当投机机会、新闻报道或是一些特殊事件导致股价急剧变化时,期权权利金在短期内会被高估。这种情形将提供一些额外的机会获取短期收益。我们期望能够通过备兑认购期权策略利用这种情形。这也许并不能提供像买入股票或是认购期权那样的高收益,但它将使我们的收益变得更频繁,也同时变得更多。

为了说明备兑认购期权策略中激进的方法如何在现实世界中发挥作用,考虑下述的某客户的一周的账户账单情况。该客户想要通过备兑认购期权策略获得激进的长期增长。在这个例子中,该账户刚刚开始进行投资,其投资时间少于一个月。然而,对于市场整体环境以及个股走势,在最初的头寸中,都包含了保守的与激进的两种后续行为。

资产组合:30 000 美元

账户类型:保证金账户

创建时间:2002 年 12 月底

股票市场在圣诞节至新年的这段时期内持续走弱。这说明了 1 月股市很可能继续下行,因此对于短期的平值或实值认购期权,至少 5 个点的保护是合适的。下面给出三种期初头寸的情况。

时间	行为	头寸大小	情景
1月1日	建立新头寸	以15.08美元每股买入400股TXN股票； 以0.9美元卖出4份1月到期、行权价格为15美元的TXN认购期权	在不到3周的时间内,如果平值认购期权被指派行权,将获得5.4%的收益,提供6.0%的下行保护
1月1日	建立新头寸	以25.75美元每股买入200股NCEN股票； 以2美元卖出2份1月到期、行权价格为25美元的NCEN认购期权	如果实值认购期权被指派行权,将获得4.9%的收益,提供7.8%的下行保护
1月1日	建立新头寸	以24.86美元每股买入400股QQQ股票； 以1.25美元卖出4份1月到期、行权价格为24美元的QQQ认购期权	如果实值认购期权被指派行权,将获得1.6%的收益,提供5.0%的下行保护

与之前的期望相反,2003年开年的几天内股票市场显示出了令人吃惊的强势,且指标表明这种强势将会继续至少一两周。一个更加偏做多的策略将会被采用。

时间	行为	头寸大小	情景
1月3日	建立新头寸	以44.37美元每股买入200股CDWC股票； 以1.75美元卖出2份1月到期、行权价格为45美元的CDWC认购期权	如果轻虚值认购期权被指派行权,将获得5.4%的收益,提供3.9%的下行保护
1月3日	建立新头寸	以26.43美元每股买入300股PPD股票； 以2.35美元卖出3份1月到期、行权价格为25美元的PPD认购期权	如果实值认购期权被指派行权,将获得3.5%的收益,提供8.9%的下行保护

在1月4日5日的周末中,PPD爆出了负面新闻。在1月6日周一早上,股价急剧下跌,最低跌至18.39美元,最后以19.57美元收盘——一天之内下跌超过25%。为了降低损失,将最初的认购期权平仓掉获取利润,并卖出更低行权价格的认购期权。

1月6日	趋低滚动	以0.25美元平仓掉2份1月到期、行权价格为25美元的PPD认购期权； 以1.10美元卖出3份1月到期、行权价格为20美元的PPD认购期权	当股票价格为20美元时，如果被指派行权，PPD的备兑认购期权策略将会损失12.2%，但单纯持有股票将损失24.3%（此外，我们还可以建立2月到期、行权价格为17.5美元的认沽期权牛市价差套利）
1月7日	建立新头寸	以28.30美元每股买入200股BVF股票； 以0.45美元卖出2份1月到期、行权价格为30美元的BVF认购期权	股票长期看来极具潜力。如果被指派行权，备兑认购期权在一周多的时间内将获得4.0%的收益，提供1.6%的下行保护
1月8日	趋高滚动	以2.05美元平仓掉4份1月到期、行权价格为24美元的QQQ认购期权； 以1.25美元卖出2份1月到期、行权价格为25美元的QQQ认购期权； 以0.65美元卖出2份1月到期、行权价格为26美元的QQQ认购期权	QQQ股价上涨，现在已接近26美元。将行权价格趋高滚动到25美元与26美元能够获得更多的上行可能最大收益，尽管会带来额外的风险

上述例子只是真实世界实际操作中激进账户的备兑认购期权策略的冰山一角。它描绘了备兑认购期权策略中的机会与风险，以及当特殊事件发生时的灵活处理方法。期权并非适用于所有人。我们的目的并不是要使那些不适合此策略的投资者成为备兑认购期权策略使用者。我们只是想要指导帮助那些适合的投资者。如果你正好是其中的一员，我们建议你去做两件事情：至少将你的一个经纪账户开通期权权限，并在你的投资组合中寻找备兑认购期权的机会。这些行为既不需要花费什么，也不会让你有所负担。它们只是给了你更多的选择权。

附　录

附录 A　美国期权交易的发展历程
附录 B　备兑认购期权报税样表
附录 C　"合格"备兑认购期权的征税法规
附录 D　20 只股票的备兑认购期权研究

附录 A 美国期权交易的发展历程

19 世纪末　报纸上开始出现有关认购期权与认沽期权的广告,它们是通过股票经纪人在卖方和买方之间进行一对一直接撮合成交的。

20 世纪 20 年代　在股票和期权市场上,一些不择手段的庄家利用过度交易和虚假交易来欺诈毫不知情的公众。

1929 年　1929 年大崩盘后,美国证券交易委员会调查研究了股票和期权的交易,设立了一套保护公众并促进股票与期权合理利用的准则。著名的期权经纪人赫伯特·法勒(Herbert Filer)通过向美国证券交易委员会证明期权存在的合理性以及经济价值从而挽救了期权制度。

1934 年　《1934 年美国证券交易法案》赋予了美国证券交易委员会对期权交易的监管权。

1973 年　4 月 26 日,芝加哥期权交易所成为正规证券交易所中第一家可以交易上市股票期权的交易所。就在这一天,16 只美国股票的认购期权正式开始交易。

1973 年　芝加哥大学教授费希尔·布莱克(Fischer Black)和迈伦·斯科尔斯(Myron Scholes)发表了名为《期权价格与企业负债》的论文,该论文运用数学模型以及物理的热传导原理提出了一个利用到期时间来确定任何金融工具价格的理论公式。布莱克—斯科尔斯公式逐渐成为评估股票期权价值的标准。(1997 年斯科尔斯因为该公式获得诺贝尔经济学奖,而那时布莱克已经过世。)

1975 年　期权交易所同意芝加哥期权交易所的清算公司(成立于 1972 年)作为结算中心以及期权的保证人,更名为期权结算公司。

1977 年　正式推出认沽期权交易。

1983 年　OEX 期权成为第一只股指期权,并开始交易。之后 OEX 更名为 S&P100 指数。

1990 年　到期时间一年或者更长的长期期权(LEAPS)开始交易。

1998 年　美国证券交易商协会(NASD)合并了美国证券交易所(AMEX)和

费城证券交易所(PHLX)。芝加哥证券交易所也合并了太平洋交易所(PCX)。(基于科技的发展来降低成本同时减少交易的重复率是促成这些合并的首要原因。)

附录 B 备兑认购期权报税样表

[A]	[B]	[C]	[D]	[E]	[F]	[G]	[H]	[I]
			资本利得和损失					
							课税年度	
	表格1040中的名称					SS#		
短期-资本利得和损失								
行号#	(a)财科描述	(b)购入日期	(c)卖出日期	(d)销售价格	(e)成本基础	(f)损失	(g)利得	
1								
2								
3								
4								
5								
6								
7								
8								
9								
10								
	会计			0.00	0.00	0.00	0.00	
长期-资本利得和损失								
1								
2								
3								
4								
5								
	会计			0.00	0.00	0.00	0.00	

附录 C "合格"备兑认购期权的征税法规

美国国内税务局已经制定了一系列法规来确定卖出一份备兑认购期权是否会因为税收的原因从而影响其标的资产股票的持有期。这么做的目的就是防止投资者卖出深度实值的备兑认购期权来延迟纳税,同时又不影响那些基于其他原因而卖出备兑认购期权的人。前提假设是如果一份认购期权处于深度实值,那么卖出者使用这一策略的首要目的就是为了避税。因此,这些法规的关键在于确定到底备兑期权处于多少的实值水平才可以被卖出,而又不会影响其标的证券持有期的税费。

这些法规仅适用于实值认购期权,从而根据认购期权第一次被卖出时的实值水平来确定它们是否"合格"。标的股票持有期权的影响情况如下:

认购期权类型	对持有期的影响
完全虚值的备兑认购期权	无影响
合格实值认购期权	在持有认购期权时,股票暂停计算持有期
不合格实值认购期权	如果股票的持有期不是长期,那么在持有认购期权时全部清零(如果股票的持有期是属于长期,那么无影响)

一份合格的备兑认购期权必须具备:

● 在交易所上市并且投资者卖出时要持有相应的股票标的或卖出认购期权的同时买进相应标的股票。

● 距离到期日超过 30 天,并且行权价格不低于该期权被卖出前一天股票收盘价以下的第一档。

● (如果卖出离到期日超过 90 天并且行权价格超过 50 美元的情况下)行权价格不低于前一天股票收盘价的第二档。

● (如果股价是 150 美元或者更少)实值水平不得超过 10 美元。

根据这些法规,创建以下表格。

前一天股票收盘价*	合格的期权最低可用的行权价格
股价低于 25 美元同时认购期权离到期日少于 30 天	无
股价低于 25 美元同时认购期权离到期日超过 30 天	
$5.01－$5.88	5
$5.89－$7.50	无
$7.51－$8.82	7.5
$8.83－$10	无
$10.01－$11.76	10
$11.77－$12.50	无
$12.51－$14.70	12.5
$14.71－$15	无
$15.01－$17.64	15
$17.65－$20	17.5
$20.01－$22.50	20
$22.51－$25	22.5
股价超过 25 美元同时认购期权离到期日少于 30 天	无
股价超过 25 美元同时认购期权离到期日超过 30 天	
25.01~60 美元 距离到期日超过 30 天	前一天收盘价的下一档
60~150 美元 距离到期日有 31~90 天	前一天收盘价的下一档
60~150 美元 距离到期日超过 90 天	前一天收盘价的下两档(但实值水平不得超过 10 美元)
150 美元以上 距离到期日有 31~90 天	前一天收盘价的下一档
150 美元以上 距离到期日超过 90 天 行权价格低于前一天收盘价	前一天收盘价的下两档

　　* 如果卖出期权当天的开盘价高于前天收盘价 110%，那么以当天开盘价为准而不是以前一天收盘价。

　　具有相近价格的股票间可能存在许多期权，它们具有不同的行权价区间(如 2.5 美元到 5 美元)。股票分割也会影响当时的行权价格。

其他法规

即使标的股票以及行权价格满足相关法规,如果该投资者购买标的股票比卖出认购期权的时间晚的话,该认购期权依然不是一份合格的备兑认购期权。换句话说,一份认购期权在2002年9月20日卖出,而标的股票在2002年9月24日买进的话,这份认购期权就能算为合格。

任何关于合格的备兑认购期权的损失都视同为长期资本损失,在亏损实现的时候,卖出的收益或者交易标的股票所得都将视为长期。

当一份备兑认购期权在一个纳税年平仓,而其标的股票依然持有至来年,那么股票必须得持有自认购期权平仓日起30天,这样备兑认购期权才能被视为合格。

同样,如果一份备兑认购期权没有在股票平仓之后再持有30天,也不能被视为合格,如果在股票被平仓之后依然持有30天,那备兑期权的平仓收益就会被算在下一年。该法规适用于1986年12月31日之后建成的仓位。

以上信息来自于《税收与投资:个人投资者指引》,这本书是由Ernst和Young LLP写的,于2003年1月出版,现在在www.cboe.com/resources/taxes.asp的网站上也可以看到全文。

附录 D 20 只股票的备兑认购期权研究[*]

资料来源：

- 到期日股票和期权价格来自于《华尔街日报》。
- 到期日之后的第一个星期和一年最后一天的股价来自于 www.bigchart.com。
- 所有价格都是收盘价。
- 已包含增发的股票。
- 股利不包含在内。

模型：

- 每只股票最初购买的数量为 25 000 美元能够买到的最大整数股。实际数量作为单独持股与备兑期权策略的底仓数量。
- 包含股票与期权的交易佣金，采用的是一家在线经纪公司的费率(5 000 股以下收取 19.99 美元，20 美元加上每份期权合约收 1.75 美元)。
- 由期权权利金获得的额外现金按 4% 的利息计息。
- 如果卖出的实值期权在到期日前的星期五平仓，标的股票将会被行权买走，那么假定在下周一按当天的收盘价重新买进。股票总是以整数股买进，因此如果价格上涨，那么买进的股数也会减少。
- 当售出期权收到的权利金足够买整数股的股票，那么立即成交买进。
- 在备兑期权策略模型中，假设只要在周一平仓时价值超过 0.5 美元，认购期权就会在每个月以最近的虚值行权价格卖出。否则当月不会卖出任何认购期权。标的股票将会一直持有(如果被行权买走，便重新买回)。

---

[*] 该研究由作者在 2002 年主持，在第五章已有提及。

一年之后个股研究结果

超微半导体公司(AMD)　　　　　　　　　　　　　　　初始投资：$ 23 625

年份	单纯持股 到期价值	期间收益率	备兑期权策略 到期价值	期间收益率
6/1988~	$ 12 938	−4.5%	$ 13 631	−42%
1989	$ 11 813	−9%	$ 13 416	−2%
1990	$ 7 313	−38%	$ 9 750	−2%
1991	$ 26 250	259%	$ 40 109	311%
1992	$ 27 000	3%	$ 42 233	5%
1993	$ 26 625	−1%	$ 36 879	−13%
1994	$ 27 125	39%	$ 43 507	18%
1995	$ 24 750	−33%	$ 28 021	−36%
1996	$ 38 625	56%	$ 40 449	44%
1997	$ 25 688	−33%	$ 43 045	6%
1998	$ 43 313	69%	$ 68 333	59%
1999	$ 43 500	0%	$ 71 430	5%
2000	$ 41 430	−5%	$ 70 757	−1%
2001	$ 47 580	15%	$ 77 065	9%
年化回报率 (6/1988~12/2001)		53%		9.1%

美国标准协会(ASA)　　　　　　　　　　　　　　　　初始投资：$ 22 313

年份	单纯持股 到期价值	期间收益率	备兑期权策略 到期价值	期间收益率
6/1988~	$ 19 000	−15%	$ 20 448	−8%
1989	$ 27 750	46%	$ 25 302	24%
1990	$ 23 438	−16%	$ 23 889	−6%
1991	$ 23 438	0%	$ 28 996	21%
1992	$ 15 938	−32%	$ 22 745	−22%
1993	$ 24 625	55%	$ 32 526	43%
1994	$ 22 438	−9%	$ 30 226	−7%
1995	$ 18 563	−17%	$ 27 578	−9%
1996	$ 17 375	−6%	$ 26 675	−3%
年化回报率 (6/1988~12/1996)		−2.9%		2.1%

思科系统公司 CSCO　　　　　　　　　　　　　　　　　　　　　　　初始投资：$ 22 500

年份	单纯持股		备兑期权策略	
	到期价值	期间收益率	到期价值	期间收益率
5/1996~	$ 25 450	13%	$ 28 871	28%
1997	$ 33 825	33%	$ 33 363	16%
1998	$ 83 588	147%	$ 44 799	34%
1999	$ 192 713	131%	$ 86 602	93%
2000	$ 137 700	−29%	$ 81 597	−6%
2001	$ 65 196	−53%	$ 39 142	−52%
年化回报率 (5/1996~12/2001)		20.5%		10.2%

华特迪士尼公司(DIS)　　　　　　　　　　　　　　　　　　　　　　初始投资：$ 23 660

年份	单纯持股		备兑期权策略	
	到期价值	期间收益率	到期价值	期间收益率
6/1988~	$ 26 300	10%	$ 26 206	9%
1989	$ 44 800	70%	$ 33 486	28%
1990	$ 40 600	−9%	$ 32 891	−2%
1991	$ 45 800	13%	$ 35 762	9%
1992	$ 68 800	50%	$ 45 844	28%
1993	$ 68 200	−1%	$ 44 731	−2%
1994	$ 73 800	8%	$ 44 700	0%
1995	$ 94 400	28%	$ 58 543	31%
1996	$ 111 600	18%	$ 71 589	22%
1997	$ 158 400	42%	$ 92 852	30%
1998	$ 144 000	−9%	$ 85 562	−8%
1999	$ 140 400	−3%	$ 83 807	−2%
2000	$ 138 912	−1%	$ 87 694	5%
2001	$ 99 456	−28%	$ 68 700	−22%
年化回报率 (6/1988~12/2001)		11.1%		8.1%

伊士曼柯达公司 EK

初始投资：$ 21 563

年份	单纯持股 到期价值	单纯持股 期间收益率	备兑期权策略 到期价值	备兑期权策略 期间收益率
6/1988～	$ 22 563	5%	$ 22 306	3%
1989	$ 20 563	−9%	$ 21 767	−2%
1990	$ 20 963	2%	$ 22 274	2%
1991	$ 24 125	15%	$ 22 552	1%
1992	$ 20 250	−16%	$ 19 105	−15%
1993	$ 28 000	38%	$ 24 902	30%
年化回报率 (6/1988～12/1993)		4.9%		2.7%

联邦快递公司(FDX)

初始投资：$ 24 750

年份	单纯持股 到期价值	单纯持股 期间收益率	备兑期权策略 到期价值	备兑期权策略 期间收益率
6/1988～	$ 30 375	23%	$ 30 825	25%
1989	$ 27 450	−10%	$ 31 972	4%
1990	$ 20 325	−26%	$ 29 482	−8%
1991	$ 23 250	14%	$ 35 115	19%
1992	$ 32 700	41%	$ 41 054	17%
1993	$ 42 525	30%	$ 43 293	5%
1994	$ 36 150	−15%	$ 39 510	−9%
年化回报率 (6/1988−12/1994)		6%		7.5%

附 录

通用汽车公司(GM)　　　　　　　　　　　　　　　　　　　　初始投资：$ 23 063

年份	单纯持股 到期价值	期间收益率	备兑期权策略 到期价值	期间收益率
6/1988~	$ 25 050	9%	$ 25 794	12%
1989	$ 25 350	1%	$ 25800	0%
1990	$ 20 625	－19%	$ 23778	－8%
1991	$ 17 325	－16%	$ 22089	－7%
1992	$ 19 350	12%	$ 20 229	－8%
1993	$ 32 925	70%	$ 34 061	68%
1994	$ 25 350	－23%	$ 26 796	－21%
1995	$ 31 725	25%	$ 33 500	25%
1996	$ 33 450	5%	$ 34 008	2%
1997	$ 36 750	10%	$ 38 538	13%
1998	$ 42 975	17%	$ 41 340	7%
1999	$ 43 614	1%	$ 41 311	0%
年化回报率 (6/1988－12/1999)		5.7%		5.2%

惠普公司(HPQ)　　　　　　　　　　　　　　　　　　　　　初始投资：$ 23 063

年份	单纯持股 到期价值	期间收益率	备兑期权策略 到期价值	期间收益率
6/1988~	$ 21 174	－8%	$ 21 455	－7%
1989	$ 18 788	－11%	$ 22 160	3%
1990	$ 12 674	－33%	$ 17 054	－23%
1991	$ 22 665	79%	$ 26 427	55%
1992	$ 27 784	23%	$ 27 841	5%
1993	$ 31 413	13%	$ 32 785	18%
1994	$ 39 713	26%	$ 38 424	17%
1995	$ 66 603	68%	$ 55 691	45%
1996	$ 79 923	20%	$ 70 166	26%
1997	$ 97 912	23%	$ 89 979	28%
1998	$ 108 656	11%	$ 114 172	27%
1999	$ 180 921	67%	$ 154 150	35%
年化回报率 (6/1988~12/1999)		19.5%		17.8%

国际商用机器公司(IBM) 初始投资：$ 22 626

年份	单纯持股 到期价值	单纯持股 期间收益率	备兑期权策略 到期价值	备兑期权策略 期间收益率
6/1988~	$ 24 376	8%	$ 23 961	6%
1989	$ 18 826	−23%	$ 21 664	−10%
1990	$ 22 601	20%	$ 25 401	17%
1991	$ 17 801	−21%	$ 19 548	−23%
1992	$ 10 075	−43%	$ 13 420	−31%
1993	$ 11 300	12%	$ 15 248	14%
1994	$ 14 701	30%	$ 17 079	12%
1995	$ 18 351	25%	$ 18 692	9%
1996	$ 30 301	65%	$ 21 148	13%
1997	$ 41 302	36%	$ 27 289	29%
1998	$ 73 903	79%	$ 33 960	24%
1999	$ 86 304	17%	$ 36 469	7%
2000	$ 68 003	−21%	$ 33 593	−8%
2001	$ 96 772	42%	$ 39 197	17%
年化回报率 (6/1988~12/2001)		11.3%		4.1%

英特尔公司(INTC) 初始投资：$ 25 000

年份	单纯持股 到期价值	单纯持股 期间收益率	备兑期权策略 到期价值	备兑期权策略 期间收益率
6/1988~	$ 19 000	−24%	$ 21 912	−12%
1989	$ 27 600	45%	$ 29 535	35%
1990	$ 30 800	12%	$ 33 844	15%
1991	$ 39 200	27%	$ 41 552	23%
1992	$ 69 600	78%	$ 49 311	19%
1993	$ 99 200	43%	$ 61 740	25%
1994	$ 102 200	3%	$ 60 600	−2%
1995	$ 181 600	78%	$ 92 639	53%
1996	$ 418 400	130%	$ 151 463	63%
1997	$ 458 800	10%	$ 181 333	20%
1998	$ 759 200	65%	$ 214 048	18%
1999	$ 1 068 800	41%	$ 257 636	20%
2000	$ 774 400	−28%	$ 174 185	−32%
2001	$ 805 120	4%	$ 199 853	15%
年化回报率 (6/1988~12/2001)		29.1%		16.5%

麦当劳公司(MCD)　　　　　　　　　　　　　　　　　　　　　　　初始投资：$ 22 375

年份	单纯持股		备兑期权策略	
	到期价值	期间收益率	到期价值	期间收益率
6/1988～	$ 24 063	8%	$ 24 208	8%
1989	$ 17 250	−28%	$ 18 369	−24%
1990	$ 14 563	−16%	$ 16 565	−10%
1991	$ 19 000	30%	$ 20 589	24%
1992	$ 24 375	28%	$ 27 701	35%
1993	$ 28 500	17%	$ 33 195	20%
1994	$ 29 250	3%	$ 34 517	4%
1995	$ 45 125	54%	$ 51 980	51%
1996	$ 45 375	1%	$ 51 538	−1%
1997	$ 47 250	4%	$ 57 063	11%
1998	$ 76 810	63%	$ 79 764	40%
1999	$ 80 620	5%	$ 88 690	11%
年化回报率 (6/1988～12/1999)		11.7%		12.6%

3M 公司(MMM)　　　　　　　　　　　　　　　　　　　　　　　　初始投资：$ 25 050

年份	单纯持股		备兑期权策略	
	到期价值	期间收益率	到期价值	期间收益率
6/1988～	$ 24 800	−1%	$ 24 934	0%
1989	$ 31 850	28%	$ 32 961	32%
1990	$ 34 300	8%	$ 38 110	16%
1991	$ 38 100	11%	$ 44 163	16%
1992	$ 40 250	6%	$ 49 543	12%
1993	$ 43 500	8%	$ 54 076	9%
1994	$ 42 900	−1%	$ 53 770	−1%
1995	$ 53 100	24%	$ 66 939	24%
年化回报率 (6/1988～12/1995)		10.5%		14.0%

菲利普·莫里斯公司(MO)　　　　　　　　　　　　　　　　　　　　初始投资：$ 25 763

年份	单纯持股 到期价值	期间收益率	备兑期权策略 到期价值	期间收益率
6/1988~	$ 30 563	19%	$ 27 163	5%
1989	$ 49 950	63%	$ 38 649	42%
1990	$ 62 100	24%	$ 44 891	16%
1991	$ 94 800	53%	$ 58 012	29%
1992	$ 92 400	−3%	$ 58 650	1%
1993	$ 66 900	−28%	$ 48 936	−17%
1994	$ 69 000	3%	$ 51 616	5%
1995	$ 108 600	57%	$ 75 265	46%
1996	$ 135 600	25%	$ 89 082	18%
1997	$ 162 227	20%	$ 124 315	40%
1998	$ 192 600	19%	$ 147 493	19%
1999	$ 82 800	−57%	$ 67 026	−55%
2000	$ 158 400	91%	$ 81 561	22%
2001	$ 165 060	4%	$ 93 496	15%
年化回报率 (6/1988~12/2001)		14.7%		0.0%

默克公司(MRK)　　　　　　　　　　　　　　　　　　　　　　　　初始投资：$ 22 100

年份	单纯持股 到期价值	期间收益率	备兑期权策略 到期价值	期间收益率
6/1988~	$ 23 100	5%	$ 24 445	11%
1989	$ 31 000	34%	$ 31 263	28%
1990	$ 35 950	16%	$ 32 942	5%
1991	$ 66 600	85%	$ 47 212	43%
1992	$ 52 200	−22%	$ 44 093	−7%
1993	$ 41 250	−21%	$ 35 952	−18%
1994	$ 45 750	11%	$ 38 449	7%
1995	$ 78 900	72%	$ 58 770	53%
1996	$ 95 550	21%	$ 74 473	27%
1997	$ 128 100	34%	$ 88 453	19%
1998	$ 177 300	38%	$ 120 243	36%
1999	$ 161 400	−9%	$ 131 868	10%
2000	$ 224 712	39%	$ 163 507	24%
2001	$ 141 120	−37%	$ 127 901	−22%
年化回报率 (6/1988~12/2001)		14.6%		13.8%

微软公司 (MFST)　　　　　　　　　　　　　　　　　　　　　　　　初始投资：$ 23 700

年份	单纯持股 到期价值	期间收益率	备兑期权策略 到期价值	期间收益率
6/1988～1989	$ 21 300	−10%	$ 22 595	−5%
1989	$ 34 800	63%	$ 26 120	16%
1990	$ 60 200	73%	$ 36 971	42%
1991	$ 133 500	122%	$ 64 769	75%
1992	$ 153 675	15%	$ 72 217	12%
1993	$ 145 125	−6%	$ 76 261	6%
1994	$ 220 050	52%	$ 102 434	34%
1995	$ 315 900	44%	$ 138 307	35%
1996	$ 594 900	88%	$ 256 939	86%
1997	$ 937 800	58%	$ 431 976	68%
1998	$ 1 998 000	113%	$ 590 287	37%
1999	$ 3 351 600	68%	$ 786 984	33%
2000	$ 1 252 800	−63%	$ 398 669	−49%
2001	$ 1 908 576	52%	$ 513 292	29%
年化回报率 (6/1988－12/2001)		38.2%		25.4%

甲骨文公司 (ORCL)　　　　　　　　　　　　　　　　　　　　　　　　初始投资：$ 23 975

年份	单纯持股 到期价值	期间收益率	备兑期权策略 到期价值	期间收益率
6/1988～1989	$ 27 300	−14%	$ 29 802	24%
1989	$ 65 450	140%	$ 53 325	79%
1990	$ 22 050	−66%	$ 16 622	−69%
1991	$ 40 600	84%	$ 29 146	75%
1992	$ 79 450	96%	$ 46 048	58%
1993	$ 161 000	103%	$ 69 758	51%
1994	$ 248 500	54%	$ 10 938	73%
1995	$ 355 950	43%	$ 183 040	51%
1996	$ 519 750	46%	$ 282 464	54%
1997	$ 422 888	−19%	$ 247 059	−13%
1998	$ 815 063	93%	$ 379 333	54%
1999	$ 3 161 025	288%	$ 573 199	51%
2000	$ 3 295 404	4%	$ 599 715	5%
2001	$ 1 566 054	−52%	$ 429 213	28%
年化回报率 (6/1988～12/2001)		36.0%		23.7%

菲利普斯石油公司(P) 　　　　　　　　　　　　　　　　　　　初始投资：$ 24 325

年份	单纯持股		备兑期权策略	
	到期价值	期间收益率	到期价值	期间收益率
6/1988～	$ 27 300	12%	$ 28 933	19%
1989	$ 35 350	29%	$ 34 720	20%
1990	$ 36 575	3%	$ 36 689	6%
1991	$ 33 600	−8%	$ 32 046	−13%
1992	$ 35 175	5%	$ 34 671	8%
～7/1993	$ 40 250	14%	$ 40 989	18%
年化回报率 (6/1988～7/1993)		10.4%		10.8%

玩具反斗城(TOY) 　　　　　　　　　　　　　　　　　　　初始投资：$ 21 825

年份	单纯持股		备兑期权策略	
	到期价值	期间收益率	到期价值	期间收益率
6/1988～	$ 22 275	2%	$ 22 910	5%
1989	$ 32 288	45%	$ 31 551	38%
1990	$ 30 375	−6%	$ 29 671	−6%
1991	$ 43 538	43%	$ 47 909	61%
1992	$ 54 169	24%	$ 56 497	18%
1993	$ 55 181	2%	$ 57 683	2%
1994	$ 41 175	−25%	$ 46 283	−20%
1995	$ 29 363	−29%	$ 34 038	−26%
1996	$ 40 331	37%	$ 48 709	43%
年化回报率 (6/1988～12/1996)		7.5%		9.9%

沃尔玛公司(WMT)　　　　　　　　　　　　　　　　　　初始投资：$ 23 400

年份	单纯持股 到期价值	单纯持股 期间收益率	备兑期权策略 到期价值	备兑期权策略 期间收益率
6/1988~	$ 25 100	7%	$ 26 793	14%
1989	$ 35 900	43%	$ 35 531	33%
1990	$ 48 400	35%	$ 50 498	42%
1991	$ 94 200	95%	$ 90 635	79%
1992	$ 101 800	8%	$ 109 945	21%
1993	$ 80 000	−21%	$ 90 005	−18%
1994	$ 68 000	−15%	$ 71 653	−20%
1995	$ 71 600	5%	$ 76 916	7%
年化回报率 (6/1988~12/1995)		16.1%		17.2%

太阳微系统公司(SUNW)　　　　　　　　　　　　　　　初始投资：$ 23 888

年份	单纯持股 到期价值	单纯持股 期间收益率	备兑期权策略 到期价值	备兑期权策略 期间收益率
6/1988~	$ 11 638	−51%	$ 13 347	−44%
1989	$ 24 150	108%	$ 26 317	97%
1990	$ 29 925	24%	$ 32 557	24%
1991	$ 39 725	33%	$ 51 735	59%
1992	$ 47 075	19%	$ 65 408	26%
1993	$ 40 775	−13%	$ 70 459	8%
1994	$ 49 700	22%	$ 81 725	16%
1995	$ 127 750	157%	$ 153 707	88%
1996	$ 144 200	13%	$ 212 332	38%
1997	$ 227 500	58%	$ 284 048	34%
1998	$ 479 500	111%	$ 410 251	44%
1999	$ 1 733 200	261%	$ 857 006	109%
2000	$ 1 249 024	−28%	$ 695 767	−19%
2001	$ 553 280	−56%	$ 509 347	−27%
年化回报率 (6/1988~12/2001)		26.0%		25.3%

术　语

调整　当标的资产发生一些具有重大影响的事件时，如增发股票、并购以及分拆等，期权交易所和OCC将会对期权合约的期限做出变更。目的是确保在这些事件发生后，期权持有者与卖出者在本质上具有相同的头寸。当期权从标准的期限被调整时，会有一个特殊的标记。

美式期权　可以在到期日之前的任一个交易日执行的期权。个股的股票期权都是美式期权。

套利　利用等价的证券在不同市场上的价格不同来获得收益。

指派行权　OCC与经纪人要求期权卖方对期权买方履行期权义务的行为。当认购期权的卖方收到来自经纪人的指派行权通知时，他们得以行权价格卖出标的股票。

平价期权　行权价格等于或很接近标的股票现价的期权。比如：一份GHI的认购期权行权价格是30，当GHI的股票价格也为30美元或29.75美元时，该认购期权就是平价期权。

布莱克—斯科尔斯公式　一个确定期权理论价值的公式。该公式中包含的变量有：标的股票价格，行权价格，距离到期日时间，标的股票的波动率，股利，当前投资收益率。

买方（持有者）　期权交易中的多头。

买进—卖出法（总回报法）　使用持续卖出备兑认购期权作为首要投资策略来获取可观的总回报，并有一个专门的投资组合。

BXM指数　由芝加哥期权交易所创立的一套新的标准，用来评估持续卖出标准普尔500指数备兑认购期权策略的回报。

认购—认购备兑期权策略　通过不同的期权组合成备兑认购期权。也称为牛市认购期权价差或对角线价差。

术 语

认购期权　一份代表在特定时期内有权通过特定价格购买特定证券的合约。

现金价值　见内在价值。

芝加哥期权交易所　美国最大的期权交易市场。

期权组　所有相同标的证券的同类期权。比如,所有微软的认购期权是一个期权组,无论行权价格或到期时间是否相同。

平仓　用一笔交易抵消已存在的头寸。如果存在的头寸是空头头寸,则通过买进相应的证券平仓;如果是多头头寸,则通过卖出平仓。

合约大小　当期权持有者行权时,交付所需的标的证券的股数。标准的合约大小是一份期权对应100股。

兑换　套利策略的一种,买进股票的同时买进认沽期权,并卖出具有相同行权价格和到期日的认购期权。

备兑　空头期权头寸有其相应标的股票(或可自由兑换成股票的证券)的多头头寸来保护,这个多头头寸足够履行合约义务。

卖出备兑认购期权　卖出你自己已有持仓的或同时买进的股票的认购期权。

可交付　当期权持有者执行合约权利时相应证券必须被交付。

衍生证券　一种价值依赖于其他证券的金融工具。

指定主要做市商　芝加哥期权交易所的场内交易者,负责为特定的证券保持买卖双边的秩序。类似于纽约证券交易所的做市商。

股利　公司从盈利中派发给股东的收益。

负面　对交易不利的因素。

股票期权　标的证券是股票的期权。

欧式期权　一种只能在到期日行权的期权。指数期权都是欧式期权。

交易所交易基金(ETF)　像指数共同基金一样跟踪指数走势,但其交易方式跟股票一样。

行权　期权持有者通知其经纪人他们要执行期权合约规定的在行权价格购买或卖出相应标的证券权利的行为。

行权价格　见执行价格。

到期日期　期权合约结束的日期。

外部价值 见时间价值。

持有者 见买方。

实值期权 认购期权的行权价格低于标的股票的现价或认沽期权的行权价格高于标的股票的现价。比如：当 ABC 股价为 43 美元时，行权价格为 40 美元、35 美元和 30 美元的认购期权都是实值期权。

内在价值 和时间价值一起组成期权的价格。它等于实值期权的实值部分，即股票现价减去行权价格。比如：ABC 的认购期权行权价格为 40 美元，ABC 价格为 43 美元，则该认购期权的内在价值为 3 美元。如果 ABC 价格为 40 美元，则内在价值为 0。

限价单 一种只有当价格达到指定价格或者优于指定价格时才会成交的交易指令。

流动性 资产能够以合理价格顺利交易的能力。证券的日交易量是一种流动性指标。

上市期权 在正规交易所正式交易的期权。

多头 用来描述资产买方头寸的术语。

长期期权(LEAPS) 期限多于 9 个月的期权。

保证金账户 一种股票账户类型，通过这种账户可以向你的经纪公司借钱购买投资标的。

裸(非备兑) 指期权空头头寸没有相应的标的股票的持仓来保护。

净收入 在一笔同时有买进与卖出的交易中，卖出一份资产的收益高于买进一份资产的花费。

净支出 在一笔同时有买进与卖出的交易中，卖出一份资产的收益低于买进一份资产的花费。

净价 在一笔同时有买进与卖出的交易中总的花费。

未平仓量 在某交易日结束时，保留的多方所持有或空方所抛空的合约数。它与日成交量一起表示期权的流动性。

开盘循环 在每个交易日的开盘阶段利用期权交易来保证市场的秩序。

开仓 通过交易建立第一个头寸。

期权 代表着在特定的时间以特定的价格购买特定资产的权利的合约。

期权链(期权类) 一个基本的表格列示着某种股票所有可用的期权。

期权清算公司(OCC) 一个充当期权发行人与担保人的独立机构。

虚值期权 认购期权的行权价格高于标的股票的现价或认沽期权的行权价格低于标的股票的现价。比如：当 ABC 股价为 43 美元时，行权价格为 45 美元、50 美元和 55 美元的认购期权都是虚值期权。

平价 指实值期权正好以它的内在价值进行交易。

权利金 期权的价格，或者更确切地说是当你购买或出售期权时所花费或收到的钱。一份标准的股票期权，权利金等于每股期权价格的 100 倍。

认沽期权 代表持有者有权在未来的特定时间以特定价格卖出某只股票的合约。

比例卖空 卖出多于所持股票仓位对应的期权份数。

净负债的收益率 一种计算备兑认购期权头寸的潜在收益率的方式。利用初始投资中卖出认购期权的收益与买进标的股票的差价来计算。

不变收益率(也称为固定收益率或单调收益率) 在期权到期日，标的股票以购买时的价格交易，备兑认购期权头寸的潜在收益率。不变收益率等于期权权利金除以最初的投资资金。

行权回报率(也称指派回报率) 认购期权卖方被指派行权时备兑认购期权头寸的潜在收益率。等于股票的潜在收益加上期权权利金收入，再除以初始投资。

反转套利 一种套利方式。卖空股票与认沽期权，同时买进具有相同到期时间与行权价格的认购期权。

向下滚动 平掉空头期权头寸，并同时用一份行权价格更低的期权来替换。

向外滚动 平掉空头期权头寸，并同时用一份到期时间更长的期权来替换。

向上滚动 平掉空头期权头寸，并同时用一份行权价格更高的期权来替换。

卖方(空方) 在交易中处于空头地位的一方。

系列 所有具有相同行权价格和到期时间的、同一期权组的期权。

转让 为了履行期权义务而转移标的资产(或其他规定利益)的行为。

做空股票 卖出你借来的股票，期望之后以更低的价格买进股票归还的行为。

做市商 一种交易所职位，职责是在市场没有其他买方或卖方时，通过自己的账户来交易特定的证券，以保持市场的秩序。

价差委托　一个指令同时包含买进与卖出相同股票,但存在一定价差。备兑期权交易者经常使用这一方式来滚动他们的头寸。

执行价格(行权价格)　认购(认沽)期权持有方有权在到期日买进(卖出)标的证券的价格。

时间价值(外部价值)　和期权内在价值一起组成期权的价值。等于期权价格减去期权内在价值。比如:如果 ABC 股价为 43 美元,ABC 认购期权的行权价格为 40 美元,该认购期权价格为 5 美元,则时间价值为 2 美元。如果期权价格为 3 美元则时间价值为 0。

总回报法　见买进—卖出法。

非备兑　见裸。

标的　期权授权其持有者购买或卖出的证券。

波动率　用来衡量在特定时期内证券价格波动的范围,通常用在特定时期内每日股价波动的标准差来表示。

波动率偏离现象　同一只股票不同期权之间隐含波动率不同的现象。

卖空　见卖方。

参考文献

Ansbacher, Max. *The New Options Market*. New York: John Wiley & Sons, Inc., 2000.

Chicago Board Options Exchange Constitution and Rules. Chicago: CCH Incorporated, 2001.

Friedentag, Harvey C. *Stocks for Options Trading: Low-Risk, Low-Stress Strategies for Selling Stock Options Profitably*. Boca Raton: CRC Press LLC, 2000.

Gross, Leroy. *The Conservative Investor's Guide to Trading Options*. New York: John Wiley & Sons, Inc., 1999.

Hirsch, Yale and Jeffrey A. Hirsch. *Stock Trader's Almanac 2002*. New Jersey: The Hirsch Organization Inc., 2001.

McMillan, Lawrence G. *Options as a Strategic Investment*. New York: Prentice Hall Press, 2002.

Options Institute, The, ed. *Options: Essential Concepts and Trading Strategies*. New York: McGraw-Hill, 1999.

Thomsett, Michael C. *Getting Started in Options*. New York: John Wiley & Sons, Inc., 2001.

Williams, Michael S. and Amy Hoffman. *Fundamentals of the Option Market*. New York: McGraw-Hill, 2001.

参考文献

汇添富基金·世界资本经典译丛

第一辑

《攻守兼备——积极与保守的投资者》
定价：39.00元

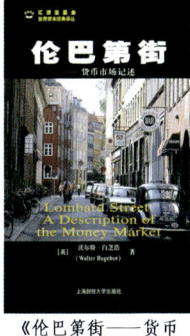

《伦巴第街——货币市场记述》
定价：25.00元

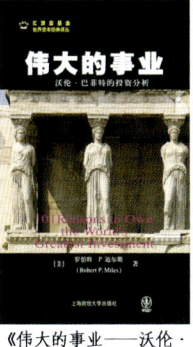

《伟大的事业——沃伦·巴菲特的投资分析》
定价：28.00元

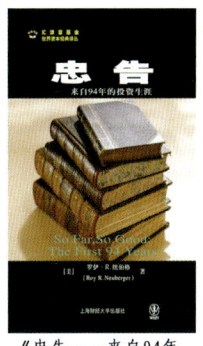

《忠告——来自94年的投资生涯》
定价：25.00元

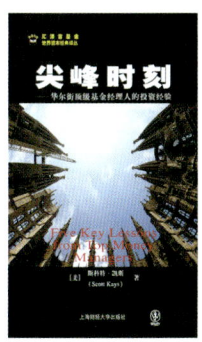

《尖峰时刻——华尔街顶级基金经理人的投资经验》
定价：30.00元

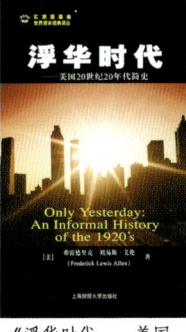

《浮华时代——美国20世纪20年代简史》
定价：35.00元

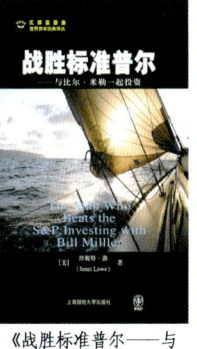

《战胜标准普尔——与比尔·米勒一起投资》
定价：29.00元

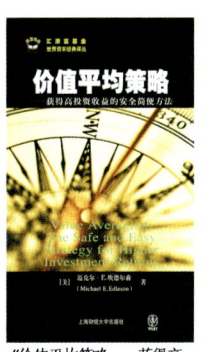

《价值平均策略——获得高投资收益的安全简便方法》
定价：29.00元

第二辑

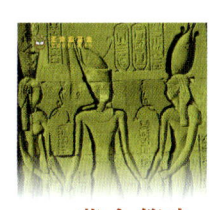

《黄金简史》
定价：43.00元

《投资存亡战》
定价：32.00元

《华尔街五十年》
定价：30.00元

《华尔街的扑克牌》
定价：37.00元

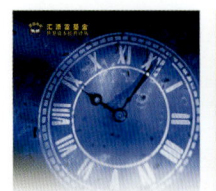

《标准普尔选股指南》
定价：31.00元

《铁血并购——从失败中总结出来的教训》
定价：42.00元

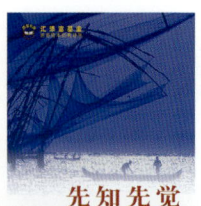

《先知先觉——如何避免再次落入公司欺诈陷阱》
定价：29.00元

《戈尔康达往事——1920~1938年华尔街的真实故事》
定价：33.00元

第三辑

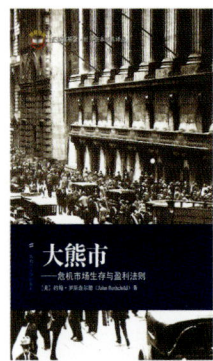

《大熊市——危机市场生存与盈利法则》
定价：28.00元

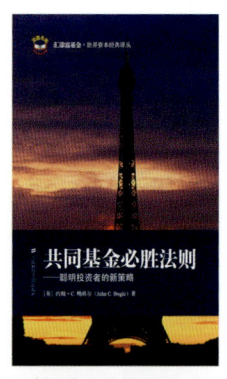

《共同基金必胜法则——聪明投资者的新策略》
定价：42.00元

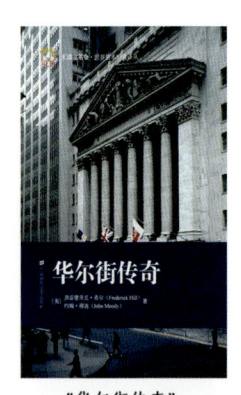

《华尔街传奇》
定价：26.00元

《智慧——菲利普·凯睿的投机艺术》
定价：28.00元

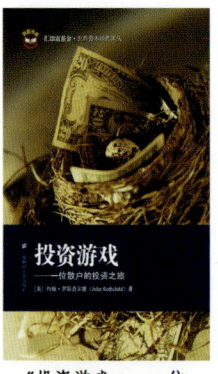

《投资游戏——一位散户的投资之旅》
定价：30.00元

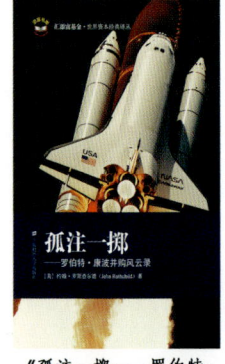

《孤注一掷——罗伯特·康波并购风云录》
定价：32.00元

第四辑

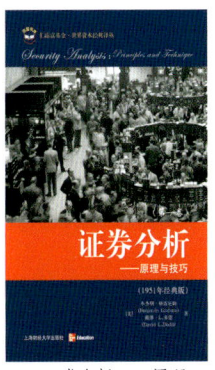

《证券分析——原理与技巧》（全二卷）
定价：92.00元

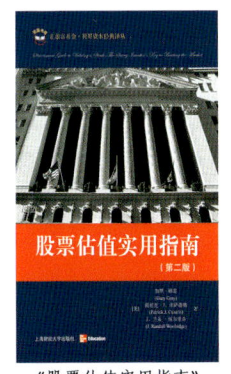

《股票估值实用指南》
定价：36.00元

《点津——来自大师的精彩篇章》
定价：36.00元

《策略——决胜全球股市》
定价：31.00元

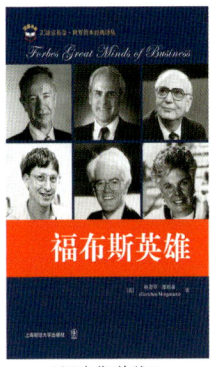

《福布斯英雄》
定价：24.00元

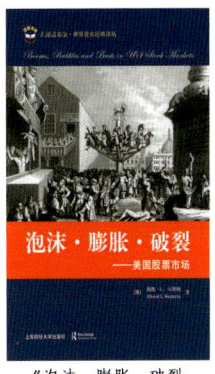

《泡沫·膨胀·破裂——美国股票市场》
定价：39.00元

第五辑

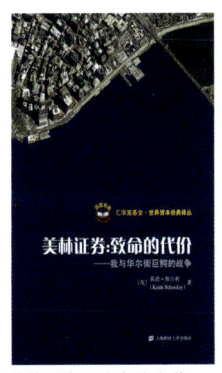

《美林证券：致命的代价——我与华尔街巨鳄的战争》
定价：29.00元

《货币与投资》
定价：30.00元

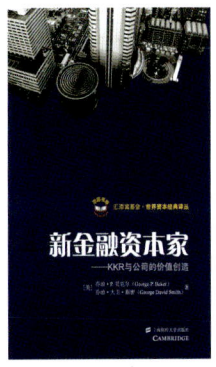

《新金融资本家——KKR与公司的价值创造》
定价：30.00元

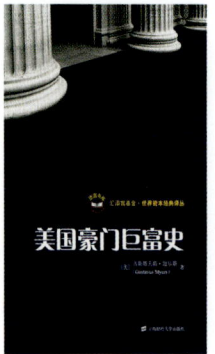

《美国豪门巨富史》
定价：65.00元

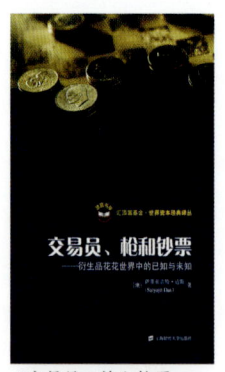

《交易员、枪和钞票——
衍生品花花世界中的
已知与未知》
定价：42.00元

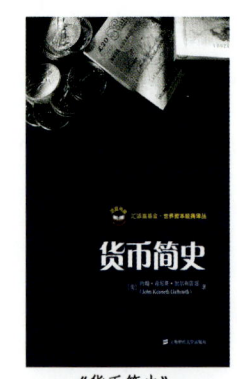

《货币简史》
定价：25.00元

第六辑

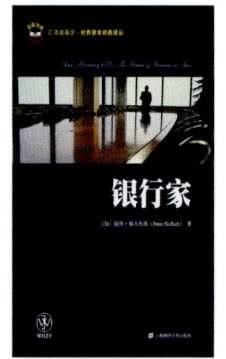

《银行家》
定价：36.00元

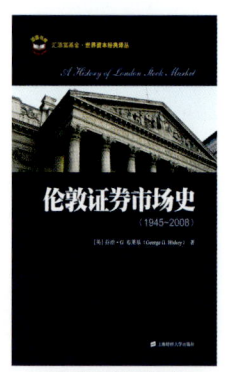

《伦敦证券市场史
（1945~2008）》
定价：68.00元

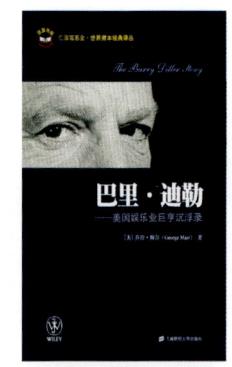

《巴里·迪勒——美国
娱乐业巨亨沉浮录》
定价：36.00元

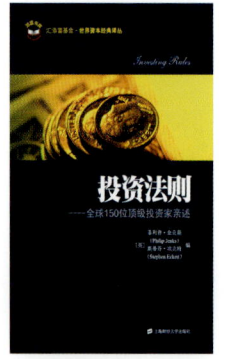

《投资法则——全球
150位顶级投资家亲述》
定价：52.00元

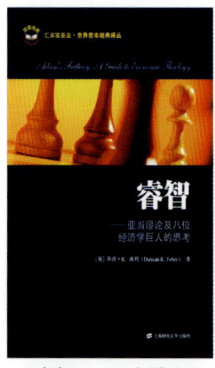

《睿智——亚当谬论及
八位经济学巨人的思考》
定价：34.00元

《伯纳德·巴鲁克——一位
天才的华尔街投资大师》
定价：42.00元

第七辑

板块与风格投资
定价：35.00元

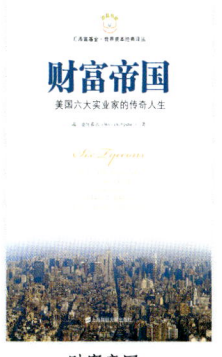

财富帝国
定价：35.00元

股票市场超级明星
定价：48.00元

黄金岁月
定价：45.00元

失算的市场先生
定价：47.00元

英美中央银行史
定价：49.00元

第八辑

大牛市
定价：56.00元

秘密黄金政策
定价：42.00元

通货膨胀来了
定价：37.00元

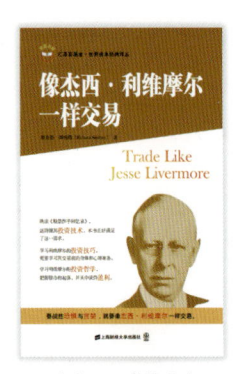

像杰西·利维摩尔
一样交易
定价：37.00元

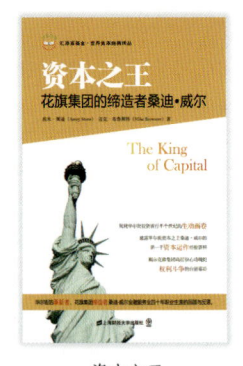

资本之王
定价：45.00元

第九辑

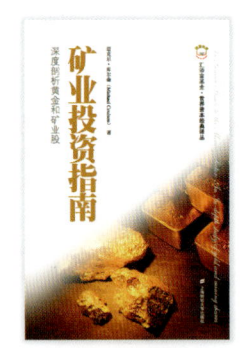

矿业投资指南
定价：43.00元

从平凡人到百万富翁
定价：45.00元

交易大趋势
定价：42.00元

像欧奈尔信徒一样交易
定价：48.00元

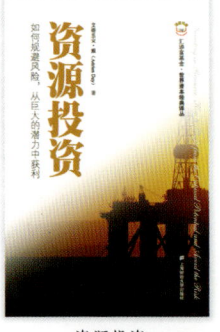

资源投资
定价：43.00元

第十辑

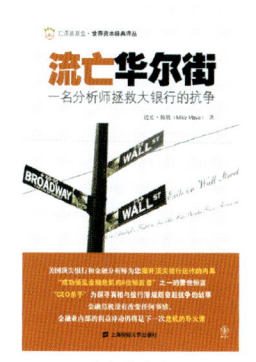

流亡华尔街
定价：37.00元

美国国债市场的诞生
定价：58.00元

欧元的悲剧
定价：39.00元

社会影响力投资
定价：42.00元

安东尼·波顿教你选股
定价：39.00元

第十一辑

缺陷的繁荣
定价：39.00元

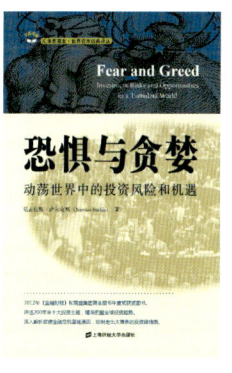

恐惧与贪婪
定价：40.00元

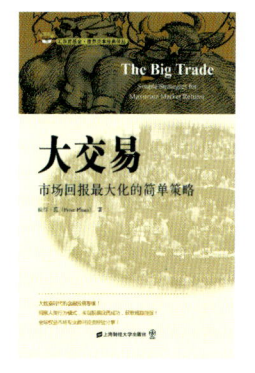

大交易
定价：38.00元

致命的风险
定价：52.00元

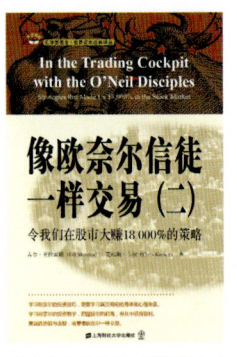

像欧奈尔信徒一样交易(二)
定价：55.00元

第十二辑

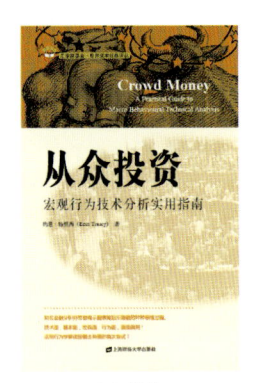

从众投资
定价：58.00元

评级机构的秘密权力
定价：38.00元

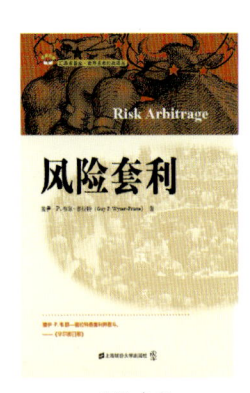

风险套利
定价：52.00元

至高无上
定价：54.00元

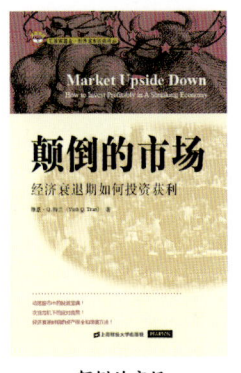

颠倒的市场
定价：52.00元

第十三辑

培恩之路
定价：40.00元

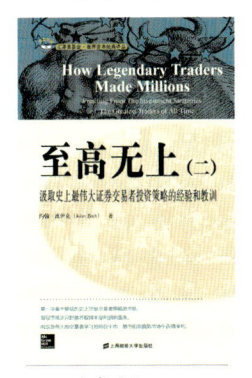

至高无上（二）
定价：48.00元

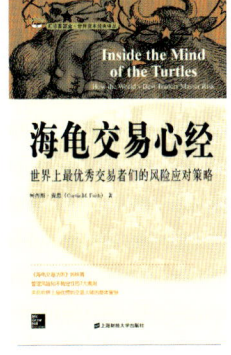

海龟交易心经
定价：40.00元

财富之轮
定价：55.00元

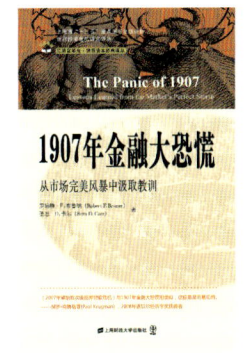

1907年金融大恐慌
定价：55.00元

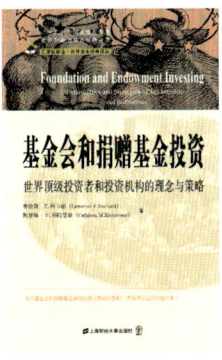

基金会和捐赠基金投资
定价：58.00元

上海财经大学出版社有限公司
地址：上海市武东路321号乙　　邮编：200434　　网址：www.sufep.com
电话：021-65904895　021-65903798　021-65904705　　传真：021-65361973
汇添富基金管理有限公司
地址：上海市富城路99号震旦国际大厦21层　　邮编：200120
网址：www.99fund.com　　电话：021-28932888（总机）　　传真：021-28932949